# Lekti Kreyòl

## Liv Aktivite 1

Wilson Douce

**Lekti Kreyòl Liv Aktivite 1**
By Wilson Douce

© Copyright Wilson Douce 2021
ISBN: 978-1-956241-14-3

ALL RIGHTS RESERVED. No part of this book may be reproduced, scanned or transmitted in any forms, digital, audio or printed, without the expressed written consent of the author.

Illustration: Anya Cartwright

# Sa ki nan Liv Aktivite 1 an

Aktivite Leson 1 .................................................................................................................. 1
    Lòd alfabetik - Leson 1 - Vole Avyon - Vèb ak ekspresyon ............................................... 1
    Fè Koresponn - Leson 1 - Vole Avyon - Vèb ak ekspresyon ............................................... 2
    Chwa Miltip - Leson 1 - Vole Avyon - Vèb ak ekspresyon .................................................. 3
    Ranpli espas vid la - Leson 1 - Vole Avyon - Vèb ak ekspresyon ........................................ 4
    Lòd alfabetik - Leson 1 - Vole Avyon - Vokabilè ................................................................ 6
    Fè Koresponn - Leson 1 - Vole Avyon - Vokabilè ............................................................... 8
    Chwa Miltip - Leson 1 - Vole Avyon - Vokabilè .................................................................. 9
    Ranpli espas vid la - Leson 1 - Vole Avyon - Vokabilè ..................................................... 10
    Rechèch Mo - Leson 1 - Vole Avyon - Vokabilè ............................................................... 11
Aktivite Leson 2 ................................................................................................................ 12
    Lòd alfabetik - Leson 2 - Yon Sesyon Mizik - Vèb ak ekspresyon ..................................... 12
    Fè Koresponn - Leson 2 - Yon Sesyon Mizik - Vèb ak ekspresyon ................................... 13
    Chwa Miltip - Leson 2 - Yon Sesyon Mizik - Vèb ak ekspresyon ...................................... 14
    Ranpli espas vid la - Leson 2 - Yon Sesyon Mizik - Vèb ak ekspresyon ........................... 15
    Rechèch Mo - Leson 2 - Yon Sesyon Mizik - Vèb ak ekspresyon ..................................... 16
    Lòd alfabetik - Leson 2 - Yon Sesyon Mizik - Vokabilè .................................................... 17
    Fè Koresponn - Leson 2 - Yon Sesyon Mizik - Vokabilè .................................................. 19
    Chwa Miltip - Leson 2 - Yon Sesyon Mizik - Vokabilè ..................................................... 20
    Ranpli espas vid la - Leson 2 - Yon Sesyon Mizik - Vokabilè .......................................... 21
    Rechèch Mo - Leson 2 - Yon Sesyon Mizik -Vokabiè ...................................................... 22
Aktivite Leson 3 ................................................................................................................ 23
    Lòd alfabetik - Leson 3 - Fè Laglisad - Vèb ..................................................................... 23
    Fè Koresponn - Leson 3 - Fè Laglisad - Vèb .................................................................... 24
    Chwa Miltip - Leson 3 - Fè Laglisad - Vèb ........................................................................ 25
    Ranpli espas vid la - Leson 3 - Fè Laglisad - Vèb ............................................................ 26
    Rechèch Mo - Leson 3 - Fè Laglisad - Vèb ...................................................................... 27
    Lòd alfabetik - Leson 3 - Fè Laglisad - Vokabilè .............................................................. 28
    Fè Koresponn - Leson 3 - Fè Laglisad - Vokabilè ............................................................ 29
    Chwa Miltip - Leson 3 - Fè Laglisad - Vokabilè ................................................................ 30
    Ranpli espas vid la - Leson 3 - Fè Laglisad - Vokabilè .................................................... 31
    Rechèch Mo - Leson 3 - Fè Laglisad - Vokabilè .............................................................. 32
Aktivite Leson 4 ................................................................................................................ 33

Lòd alfabetik - Leson 4 - Nan Yon Match -Vèb ........................................................................... 33

Fè Koresponn - Leson 4 - Nan Yon Match - Vèb ........................................................................ 34

Chwa Miltip - Leson 4 - Nan Yon Match - Vèb ........................................................................... 35

Ranpli espas vid la - Leson 4 - Nan Yon Match -Vèb ................................................................. 36

Rechèch Mo - Leson 4 - Nan Yon Match - Vèb .......................................................................... 37

Lòd alfabetik - Leson 4 - Nan Yon Match – Vokabilè .................................................................. 38

Fè Koresponn - Leson 4 - Nan Yon Match - Vokabilè ................................................................ 39

Chwa Miltip - Leson 4 - Nan Yon Match - Vokabilè .................................................................... 40

Ranpli espas vid la - Leson 4 - Nan Yon Match - Vokabilè ........................................................ 41

Rechèch Mo - Leson 4 - Nan Yon Match- Vokabilè .................................................................... 42

## Aktivite Leson 5 ............................................................................................................................. 43

Lòd alfabetik - Leson 5 - Bato Tonton Mwen An - Vèb ............................................................... 43

Fè Koresponn - Leson 5 - Bato Tonton Mwen An - Vèb ............................................................. 44

Chwa Miltip - Leson 5 - Bato Tonton Mwen An - Vèb ................................................................. 45

Ranpli espas vid la - Leson 5 - Bato Tonton Mwen An - Vèb ..................................................... 46

Rechèch Mo - Leson 5 - Bato Tonton Mwen An - Vèb ............................................................... 47

Lòd alfabetik - Leson 5 - Bato Tonton Mwen An - Vokabilè ....................................................... 48

Fè Koresponn - Leson 5 - Bato Tonton Mwen An - Vokabilè ..................................................... 49

Chwa Miltip - Leson 5 - Bato Tanton Mwen An - Vokabilè ......................................................... 50

Ranpli espas vid la - Leson 5 - Bato Tonton Mwen An -Vokabilè .............................................. 51

Rechèch Mo - Leson 5 - Bato Tonton Mwen An - Vokabilè ....................................................... 52

## Aktivite Leson 6 ............................................................................................................................. 53

Lòd alfabetik - Leson 6 - Jwèt Bòlèt - Vèb ................................................................................... 53

Fè Koresponn - Leson 6 - Jwèt Bòlèt - Vèb ................................................................................. 54

Chwa Miltip - Leson 6 - Jwèt Bòlèt - Vèb ..................................................................................... 55

Ranpli espas vid la - Leson 6 - Jwèt Bòlèt - Vèb ......................................................................... 56

Ranpli espas vid la - Leson 6 - Jwèt Bòlèt - Vèb ......................................................................... 57

Lòd alfabetik -Leson 6 - Jwet Bòlèt-Vokabilè .............................................................................. 58

Fè Koresponn - Leson 6 - Jwèt Bòlèt- Vokabilè .......................................................................... 59

Chwa Miltip - Leson 6 - Jwèt Bòlèt- Vokabilè .............................................................................. 60

Ranpli espas vid la - Leson 6 - Jwèt Bòlèt- Vokabilè .................................................................. 61

Rechèch Mo - Leson 6 - Jwèt Bòlèt- Vokabilè ............................................................................ 62

## Aktivite Leson 7 ............................................................................................................................. 63

Lòd alfabetik - Leson 7 - Tounen Nan Travay - Vèb ................................................................... 63

Fè Koresponn - Leson 7 - Tounen Nan Travay - Vèb ................................................................. 64

Chwa Miltip - Leson 7 - Tounen Nan Travay - Vèb ..................................................................... 65

Ranpli espas vid la - Leson 7 - Tounen Nan Travay - Vèb ..... 66
Rechèch Mo - Leson 7 - Tounen Nan Travay - Vèb ..... 67
Lòd alfabetik - Leson 7 - Tounen Nan Travay - Vokabilè ..... 68
Fè Koresponn - Leson 7 - Tounen Nan Travay - Vokabilè ..... 69
Chwa Miltip - Leson 7 - Tounen Nan Travay - Vokabilè ..... 70
Ranpli espas vid la - Leson 7 - Tounen Nan Travay - Vokabilè ..... 71
Rechèch Mo - Leson 7 - Tounen Nan Travay - Vokabilè ..... 72

Aktivite Leson 8 ..... 73
Lòd alfabetik - Leson 8 – Lanjelis - Vèb ..... 73
Fè Koresponn - Leson 8 – Lanjelis - Vèb ..... 74
Chwa Miltip - Leson 8 – Lanjelis - Vèb ..... 75
Ranpli espas vid la - Leson 8 – Lanjelis - Vèb ..... 75
Rechèch Mo - Leson 8 – Lanjelis - Vèb ..... 76
Lòd alfabetik - Leson 8 – Lanjelis - Vokabilè ..... 77
Fè Koresponn - Leson 8 – Lanjelis - Vokabilè ..... 78
Chwa Miltip - Leson 8 – Lanjelis - Vokabilè ..... 79
Ranpli espas vid la - Leson 8 – Lanjelis - Vokabilè ..... 80
Rechèch Mo - Leson 8 – Lanjelis - Vokabilè ..... 81

Aktivite Leson 9 ..... 82
Lòd alfabetik - Leson 9 - Yon Pye Kenèp Mal - Vèb ..... 82
Fè Koresponn - Leson 9 - Yon Pye Kenèp Mal - Vèb ..... 83
Chwa Miltip - Leson 9 - Yon Pye Kenèp Mal - Vèb ..... 84
Ranpli espas vid la - Leson 9 - Yon Pye Kenèp Mal - Vèb ..... 85
Rechèch Mo - Leson 9 - Yon Pye Kenèp Mal - Vèb ..... 86
Lòd alfabetik - Leson 9 - Yon Pye Kenèp Mal - Vokabilè ..... 87
Fè Koresponn - Leson 9 - Yon Pye Kenèp Mal - Vokabilè ..... 88
Chwa Miltip - Leson 9 - Yon Pye Kenèp Mal - Vokabilè ..... 89
Ranpli espas vid la - Leson 9 - Yon Pye Kenèp Mal - Vokabilè ..... 90
Rechèch Mo - Leson 9 - Yon Pye Kenèp Mal - Vokabilè ..... 91

Aktivite Leson 10 ..... 92
Lòd alfabetik - Leson 10 - Aparans E Karaktè Moun - Vèb ak ekspresyon ..... 92
Fè Koresponn - Leson 10 - Aparans E Karaktè Moun - Vèb ak ekspresyon ..... 93
Chwa Miltip - Leson 10 - Aparans E Karaktè Moun - Vèb ak ekspresyon ..... 94
Ranpli espas vid la - Leson 10 - Aparans E Karaktè Moun - Vèb ak ..... 96
Lòd alfabetik - Leson 10 - Aparans E Karaktè Moun - Vokabilè ..... 97
Fè Koresponn - Leson 10 - Aparans E Karakte Moun - Vokabilè ..... 98

Chwa Miltip - Leson 10 - Aparans E Karaktè Moun - Vokabilè ... 99

Ranpli espas vid la - Leson 10 - Aparans E Karaktè Moun - Vokabilè ... 100

Rechèch Mo - Leson 10 - Aparans E Karaktè Moun - Vokabilè ... 101

## Aktivite Leson 11 ... 102

Lòd alfabetik - Leson 11 - Yon Lèt Bay Manman Mwen - Vèb ... 102

Fè Koresponn - Leson 11 - Yon Lèt Bay Manman Mwen - Vèb ... 104

Chwa Miltip - Leson 11 - Yon Lèt Bay Manman Mwen – Vèb ... 105

Ranpli espas vid la - Leson 11 - Yon Lèt Bay Manman Mwen - Vèb ... 106

Rechèch Mo - Leson 11 - Yon Lèt Bay Manman Mwen - Vèb ... 107

Lòd alfabetik - Leson 11 - Yon Lèt Bay Manman Mwen - Vokabilè ... 108

Fè Koresponn - Leson 11 - Yon Lèt Bay Manman Mwen - Vokabilè ... 110

Chwa Miltip - Leson 11 - Yon Lèt Bay Manman Mwen - Vokabilè ... 111

Ranpli espas vid la - Leson 11 - Yon Lèt Bay Manman Mwen - Vokabilè ... 112

Rechèch Mo - Leson 11 - Yon Lèt Bay Manman Mwen - Vokabilè ... 113

## Aktivite Leson 12 ... 114

Lòd alfabetik - Leson 12 - Nan Lopital - Vèb ak ekspresyon ... 114

Fè Koresponn - Leson 12 - Nan Lopital - Vèb ak ekspresyon ... 115

Chwa Miltip - Leson 12 - Nan Lopital - Vèb ak ekspresyon ... 116

Ranpli espas vid la - Leson 12 - Nan Lopital - Vèb ak ekspresyon ... 117

Rechèch Mo - Leson 12 - Nan Lopital - Vèb ak ekspresyon ... 118

Lòd alfabetik - Leson 12 - Nan Lopital - Vokabilè ... 119

Fè Koresponn - Leson 12 - Nan Lopital - Vokabilè ... 120

Chwa Miltip - Leson 12 - Nan Lopital - Vokabilè ... 121

Ranpli espas vid la - Leson 12 - Nan Lopital - Vokabilè ... 122

Rechèch Mo - Leson 12 - Nan Lopital - Vokabilè ... 123

## Aktivite Leson 13 ... 124

Lòd alfabetik - Leson 13 - Yon Ti Tonèl - Vèb ak ekspresyon ... 124

Fè Koresponn - Leson 13 - Yon Ti Tonèl - Vèb ak ekspresyon ... 125

Chwa Miltip - Leson 13 - Yon Ti Tonèl - Vèb ak ekspresyon ... 126

Ranpli espas vid la - Leson 13 - Yon Ti Tonèl - Vèb ak ekspresyon ... 127

Fè Koresponn - Leson 13 - Yon Ti Tonèl - Vèb ak ekspresyon ... 128

Lòd alfabetik - Leson 13 - Yon Ti Tonèl - Vokabilè ... 129

Fè Koresponn - Leson 13 - Yon Ti Tonèl - Vokabilè ... 131

Chwa Miltip - Leson 13 - Yon Ti Tonèl - Vokabilè ... 132

Ranpli espas vid la - Leson 13 - Yon Ti Tonèl - Vèb ak Vokabilè ... 133

Rechèch Mo - Leson 13 - Yon Ti Tonèl - Vèb ak Vokabilè ... 134

Aktivite Leson 14 ................................................................................................................................. 135
   Lòd alfabetik - Leson 14 - Bòs Fòmann - Vèb ak ekspresyon ............................................... 135
   Fè Koresponn - Leson 14 - Bòs Fòmann - Vèb ak ekspresyon ............................................. 136
   Chwa Miltip - Leson 14 - Bòs Fomann - Vèb ak ekspresyon ................................................. 137
   Ranpli espas vid la - Leson 14 - Bòs Fòmann - Vèb ak ekspresyon ...................................... 138
   Lòd alfabetik - Leson 14 - Bòs Fòmann - Vokabilè ................................................................ 139
   Fè Koresponn - Leson 14 - Bòs Fòmann - Vokabilè .............................................................. 140
   Chwa Miltip - Leson 14 - Bòs Fòmann - Vokabilè .................................................................. 141
   Ranpli espas vid la - Leson 14 - Bòs Fòmann - Vokabilè ...................................................... 142

Aktivite Leson 15 ................................................................................................................................. 143
   Lòd alfabetik - Leson 15 - Yon Travay Faktori - Vèb ak ekspresyon ...................................... 143
   Fè Koresponn - Leson 15 - Yon Travay Faktori - Vèb ak ekspresyon ................................... 144
   Chwa Miltip - Leson 15 - Yon Travay Faktori - Vèb ak ekspresyon ....................................... 145
   Ranpli espas vid la - Leson 15 - Yon Travay Faktori - Vèb ak ekspresyon ........................... 146
   Rechèch Mo - Leson 15 - Yon Travay Faktori - Vèb ak ekspresyon ..................................... 147
   Lòd alfabetik - Leson 15 - Yon Travay Faktori - Vokabilè ...................................................... 148
   Lòd alfabetik - Leson 15 - Yon Travay Faktori - Vokabilè ...................................................... 149
   Chwa Miltip - Leson 15 - Yon Travay Faktori - Vokabilè ........................................................ 150
   Ranpli espas vid la - Leson 15 - Yon Travay Faktori - Vokabilè ............................................ 151

Aktivite Leson 16 ................................................................................................................................. 152
   Lòd alfabetik - Leson 16 - Yon Kous Moto - Vèb ak ekspresyon ........................................... 152
   Fè Koresponn - Leson 16 - Yon Kous Moto - Vèb ak ekspresyon ........................................ 153
   Chwa Miltip - Leson 16 - Yon Kous Moto - Vèb ak ekspresyon ............................................ 154
   Ranpli espas vid la - Leson 16 - Yon Kous Moto - Vèb ak ekspresyon ................................ 155
   Lòd alfabetik - Leson 16 - Yon Kous Moto - Vokabilè ........................................................... 156
   Fè Koresponn - Leson 16 - Yon Kous Moto - Vokabilè ......................................................... 157
   Chwa Miltip - Leson 16 - Yon Kous Moto - Vokabilè ............................................................. 158
   Ranpli espas vid la - Leson 16 - Yon Kous Moto - Vokabilè ................................................. 159

Aktivite Leson 17 ................................................................................................................................. 160
   Lòd alfabetik - Leson 17 - Nan Makèt La - Vèb ak ekspresyon ............................................. 160
   Fè Koresponn - Leson 17 - Nan Makèt La - Vèb ak ekspresyon .......................................... 161
   Chwa Miltip - Leson 17 - Nan Makèt La - Vèb ak ekspresyon .............................................. 162
   Ranpli espas vid la - Leson 17 - Nan Makèt La - Vèb ak ekspresyon .................................. 163
   Lòd alfabetik - Leson 17 - Nan Makèt La - Vokabilè ............................................................. 164
   Fè Koresponn - Leson 17 - Nan Makèt La - Vokabilè ........................................................... 166
   Chwa Miltip - Leson 17 - Nan Makèt La - Vokabilè ............................................................... 167

Ranpli espas vid la - Leson 17 - Nan Makèt La - Vokabilè ... 168

## Aktivite Leson 18 ... 169
Lòd alfabetik - Leson 18 - Monte Bisiklèt - Vèb ak ekspresyon ... 169
Fè Koresponn - Leson 18 - Monte Bisiklèt - Vèb ak ekspresyon ... 170
Chwa Miltip - Leson 18 - Monte Bisiklèt - Vèb ak ekspresyon ... 171
Ranpli espas vid la - Leson 18 - Monte Bisiklèt - Vèb ak ekspresyon ... 172
Lòd alfabetik - Leson 18 - Monte Bisiklèt - Vokabilè ... 173
Fè Koresponn - Leson 18 - Monte Bisiklèt - Vokabilè ... 174
Chwa Miltip - Leson 18 - Monte Bisiklèt - Vokabilè ... 175
Ranpli espas vid la - Leson 18 - Monte Bisiklèt - Vokabilè ... 176

## Aktivite Leson 19 ... 177
Lòd alfabetik - Leson 19 - Nan Mache - Vèb ak ekspresyon ... 177
Fè Koresponn - Leson 19 - Nan Mache - Vèb ak ekspresyon ... 178
Chwa Miltip - Leson 19 - Nan Mache - Vèb ak ekspresyon ... 179
Ranpli espas vid la - Leson 19 - Nan Mache - Vèb ak ekspresyon ... 180
Lòd alfabetik - Leson 19 - Nan Mache - Vèb ak ekspresyon ... 181
Fè Koresponn - Leson 19 - Nan Mache - Vèb ak ekspresyon ... 183
Chwa Miltip - Leson 19 - Nan Mache - Vèb ak ekspresyon ... 184
Ranpli espas vid la - Leson 19 - Nan Mache - Vokabilè ... 186

## Aktivite Leson 20 ... 187
Lòd alfabetik - Leson 20 - Pran Taptap - Vèb ak ekspresyon ... 187
Fè Koresponn - Leson 20 - Pran Taptap - Vèb ak ekspresyon ... 188
Chwa Miltip - Leson 20 - Pran Taptap - Vèb ak ekspresyon ... 189
Ranpli espas vid la - Leson 20 - Pran Taptap - Vèb ak ekspresyon ... 190
Lòd alfabetik - Leson 20 - Pran Taptap - Vèb ak ekspresyon ... 191
Fè Koresponn - Leson 20 - Pran Taptap - Vokabilè ... 192
Chwa Miltip - Leson 20 - Pran Taptap - Vokabilè ... 193
Ranpli espas vid la - Leson 20 - Pran Taptap - Vokabilè ... 194

## Aktivite Leson 21 ... 195
Lòd alfabetik - Leson 21 - Ale Nan Lanmè - Vèb ak ekspresyon ... 195
Fè Koresponn - Leson 21 - Ale Nan Lanmè - Vèb ak ekspresyon ... 197
Chwa Miltip - Leson 21 - Ale Nan Lanmè - Vèb ak ekspresyon ... 198
Ranpli espas vid la - Leson 21 - Ale Nan Lanmè - Vèb ak ekspresyon ... 200
Lòd alfabetik - Leson 21 - Ale Nan Lanmè - Vokabilè ... 201
Fè Koresponn - Leson 21 - Ale Nan Lamnè - Vokabilè ... 203
Chwa Miltip - Leson 21 - Ale Nan Lanmè - Vokabilè ... 204

Ranpli espas vid la - Leson 21 - Ale Nan Lanmè - Vokabilè ................................................................. 205

## Aktivite Leson 22 .................................................................................................................................. 206

### Lòd alfabetik - Leson 22 - Vwayaje Lòtbò Dlo - Vèb ak ekspresyon ............................................... 206
### Fè Koresponn - Leson 22 - Vwayaje Lòtbò Dlo - Vèb ak ekspresyon .............................................. 207
### Chwa Miltip - Leson 22 - Vwayaje Lòtbò Dlo - Vèb ak ekspresyon .................................................. 208
### Ranpli espas vid la - Leson 22 - Vwayaje Lòtbò Dlo - Vèb ak ekspresyon ...................................... 209
### Lòd alfabetik - Leson 22 - Vwayaje Lòtbò Dlo - Vokabilè .................................................................. 210
### Fè Koresponn - Leson 22 - Vwayaje Lòtbò Dlo - Vokabilè ................................................................ 212
### Chwa Miltip - Leson 22 - Vwayaje Lòtbò Dlo - Vokabilè .................................................................... 213
### Ranpli espas vid la - Leson 22 - Vwayaje Lòtbò Dlo - Vokabilè ........................................................ 214

## Aktivite Leson 23 .................................................................................................................................. 215

### Lòd alfabetik - Leson 23 - Yon Timoun Fèt - Vèb ak Ekspresyon ...................................................... 215
### Fè Koresponn - Leson 23 - Yon Timoun Fèt - Vèb ak ekspresyon .................................................... 216
### Chwa Miltip - Leson 23 - Yon Timoun Fèt - Vèb ak Ekspresyon ....................................................... 217
### Ranpli espas vid la - Leson 23 - Yon Timoun Fèt - Vèb ak Ekspresyon ........................................... 218
### Lòd alfabetik - Leson 23 - Yon Timoun Fèt - Vokabilè ....................................................................... 219
### Fè Koresponn - Leson 23 - Yon Timoun Fèt - Vokabilè ..................................................................... 220
### Chwa Miltip - Leson 23 - Yon Timoun Fèt - Vokabilè ......................................................................... 221
### Ranpli espas vid la - Leson 23 - Yon Timoun Fèt - Vokabilè ............................................................. 222

## Aktivite Leson 24 .................................................................................................................................. 223

### Lòd alfabetik - Leson 24 - Yon Ka Lanmò - Vèb ak Ekspresyon ........................................................ 223
### Fè Koresponn - Leson 24 - Yon Ka Lanmò - Vèb ak Ekspresyon ..................................................... 225
### Chwa Miltip - Leson 24 - Yon Ka Lanmò - Vèb ak Ekspresyon ......................................................... 226
### Ranpli espas vid la - Leson 24 - Yon Ka Lanmò - Vèb ak Ekspresyon ............................................. 227
### Lòd alfabetik - Leson 24 - Yon Ka Lanmò - Vokabilè ......................................................................... 228
### Fè Koresponn - Leson 24 - Yon Ka Lanmò - Vokabilè ....................................................................... 230
### Chwa Miltip - Leson 24 - Yon Ka Lanmò - Vokabilè ........................................................................... 231
### Ranpli espas vid la - Leson 24 - Yon Ka Lanmò - Vokabilè ............................................................... 232

## Aktivite Leson 25 .................................................................................................................................. 233

### Lòd alfabetik - Leson 25 - Anbago - Vèb ak ekspresyon .................................................................... 233
### Fè Koresponn - Leson 25 - Anbago - Vèb ak Ekspresyon ................................................................. 234
### Chwa Miltip - Leson 25 - Anbago - Vèb ak Ekspresyon ..................................................................... 235
### Ranpli espas vid la - Leson 25 - Anbago - Vèb ak Ekspresyon ......................................................... 236
### Lòd alfabetik - Leson 25 - Anbago - Vokabilè ..................................................................................... 237
### Fè Koresponn - Leson 25 - Anbago - Vokabilè ................................................................................... 238
### Chwa Miltip - Leson 25 - Anbago - Vokabilè ....................................................................................... 239

Ranpli espas vid la - Leson 25 - Anbago - Vokabilè ................................................................ 240
Konsiltasyon ................................................................................................................................ 241

# Aktivite Leson 1

**Lòd alfabetik - Leson 1 - Vole Avyon - Vèb ak ekspresyon**

Non: _____ Klas: _____ Dat: _____

**Ranpli sèk ki tou pre mo ki vini anpremye nan lòd alfabetik. Ekri mo a sou liy la.**

1. O pilote
   O reyalize
   O pase
   O se

2. O pran
   O gade
   O se
   O se te pasyon mwen

3. O se te pasyon mwen
   O enterese
   O pran
   O gade

4. O reyalize
   O enterese
   O pilote
   O pran

5. O gade
   O pase
   O enterese
   O se

6. O reyalize
   O pilote
   O pase
   O se

7. O pilote
   O se te pasyon mwen
   O reyalize
   O satisfè

8. O enterese
   O pase
   O pran
   O gade

9. O satisfè
   O pase
   O se te pasyon mwen
   O pilote

**Fè Koresponn - Leson 1 - Vole Avyon - Vèb ak ekspresyon**

Non:_____ Klas: _____ Dat: _____

**Nan chak espas ki nan fraz yo, mete lèt ki tou pre mo ki ka konplete fraz la pi byen.**

1. Mwen te toujou _____ tan pou gade avyon k' ap vole.   a. Pran

2. Apre mwen fini pase yon bon ti tan nan yon lekòl pilòt nan peyi Bèljik,   b. reyalize

    mwen ka _____ avyon.

3. Mwen _____ rèv mwen.   c. pilote

4. Apre mwen fini _____ yon bon ti tan nan yon lekòl pilòt nan   d. se te pasyon mwen
    peyi Bèljik, mwen ka pilote avyon.

5. Mwen te toujou pran tan pou _____ avyon k ap vole.   e. Pase

6. Elikoptè te _____ mwen tou.   f. gade

7. Jodiya mwen _____.   g. enterese

8. Lè mwen te piti, _____.   h. se

9. Lè mwen te piti, _____te pasyon mwen?   i. satisfè

# Chwa Miltip - Leson 1 - Vole Avyon - Vèb ak ekspresyon

Non: _____  Klas: _____  Dat: _____

**Chak fraz gen yon mo ki manke. Ansèkle mo ki manke a.**

1. Mwen _____ rèv mwen.
   A. se te pasyon mwen
   B. pase reyalize
   C. satisfè

2. Jodiya mwen _____
   A. satisfè
   B. pilote
   C. se
   D. enterese

3. Lè mwen te piti, _____.
   A. gade
   B. se te pasyon mwen
   C. enterese
   D. pilote

4. Mwen te toujou pran tan pou _____ avyon k ap vole.
   A. se
   B. gade
   C. reyalize
   D. pilote

5. Elikoptè te _____ mwen tou.
   A. reyalize
   B. enterese
   C. se te pasyon mwen
   D. Satisfè

6. Lè mwen te piti, _____ te pasyon mwen.
   A. pilote
   B. reyalize
   C. se
   D. enterese

7. Apre mwen fini pase yon bon ti tan nan yon lekòl pilòt nan peyi Bèljik, mwen ka _____ avyon.
   A. satisfè
   B. pran
   C. gade
   D. pilote

8. Mwen te toujou _____ tan pou gade avyon k ap vole.
   A. gade
   B. pran
   C. pase
   D. se te pasyon mwen

9. Apre mwen fini _____ yon bon ti tan nan yon lekòl pilòt nan peyi Bèljik, mwen ka pilote avyon.
   A. se
   B. gade
   C. pilote
   D. pase

**Ranpli espas vid la - Leson 1 - Vole Avyon - Vèb ak ekspresyon**

Non: _____ Klas: _____ Dat: _____

**Ekri mo ki koresponn nan espas vid ki nan fraz sa yo.**

1. Elikoptè te _____ mwen tou.

2. Mwen te toujou pran tan pou _____ avyon k ap vole.

3. Lè mwen te piti, _____ te pasyon mwen.

4. Jodiya mwen _____.

5. Apre mwen fini _____ yon bon ti tan nan yon lekòl pilòt nan peyi Bèljik, mwen ka pilote avyon.

6. Mwen _____ rèv mwen.

7. Lè mwen te piti, _____.

8. Mwen te toujou _____ tan pou gade avyon k ap vole.

9. Apre mwen fini pase yon bon ti tan nan yon lekòl pilòt nan peyi Bèljik, mwen ka _____ avyon.

**Chwazi repons ou yo pami mo sa yo:**

| | | | |
|---|---|---|---|
| gade | reyalize | pilote | pase |
| se te pasyon mwen | enterese | satisfè | se |
| pran | | | |

# Rechèch Mo - Leson 1 - Vole Avyon - Vèb ak ekspresyon

Non: _____ Klas: _____ Dat: _____

**Eseye jwenn mo ki kache yo.**

```
T  Z  F  B  D  B  F  U  R  Z  D  D  B  G  M  P  J  Q  A
N  X  S  W  Y  Q  Z  M  Y  Y  Q  O  B  L  G  D  Q  R  L
K  P  B  B  O  M  S  N  Z  R  B  D  V  Y  H  B  T  F  R
A  F  J  C  Z  Y  W  U  W  F  B  T  L  O  K  M  X  C  T
X  H  R  E  Y  A  L  I  Z  E  T  R  J  F  H  C  L  J  M
S  G  O  X  C  O  W  G  T  T  J  V  Y  Q  G  M  P  J  T
E  T  W  U  I  R  A  W  M  U  I  O  V  H  A  V  H  Z  H
T  P  I  L  O  T  E  B  K  R  X  E  A  V  T  M  V  B  W
E  G  Z  L  E  P  R  A  N  A  M  V  M  Z  G  B  A  A  C
P  J  A  G  U  X  B  X  U  U  X  E  R  P  K  T  B  Z  M
A  A  K  D  A  G  N  L  Q  R  E  D  P  W  Y  N  B  R  S
S  L  S  V  E  N  T  E  R  E  S  E  G  F  F  F  L  E  A
Y  X  A  E  R  B  F  V  L  J  F  J  N  O  H  B  E  J  I
O  I  T  O  H  H  I  J  A  U  Z  I  Y  F  H  S  M  P  H
N  A  I  N  B  I  K  U  E  E  X  P  J  A  M  V  B  T  X
M  C  S  Y  N  G  G  P  I  J  S  O  Z  R  V  S  W  M  U
W  V  F  K  P  S  F  Q  J  K  Z  B  T  W  S  D  Z  Q  F
E  S  E  D  D  E  Y  V  V  U  S  O  Z  L  E  W  L  M  B
N  O  T  Y  C  V  F  E  J  C  Q  M  Z  A  M  R  I  Q  V
```

## Chwazi pami mo sa yo:

| | | | |
|---|---|---|---|
| se | pase | satisfè | se te pasyon mwen |
| pilote | pran | gade | reyalize |
| enterese | | | |

**Lòd alfabetik - Leson 1 - Vole Avyon - Vokabilè**

Non: _____ Klas: _____ Dat: _____

**Ranpli sèk ki tou pre mo ki vini anpremye nan lòd alfabetik. Ekri mo a sou liy la.**

1. O pasyon
   O tan
   O toujou

2. O kontan
   O toujou
   O tan

3. O tan
   O Elikoptè
   O lekòl

4. O Bèljik
   O pilòt
   O rèv

5. O Bèljik
   O tan
   O pasyon

6. O fanatik
   O pilòt
   O pasyon

7. O pasyon
   O toujou
   O avyon

8. O Jodiya
   O avyon
   O piti

9. O tan
   O rèv
   O toujou

10. O Bèljik
    O fanatik
    O pasyon

11. O tan
    O Jodiya
    O Bèljik

12. O fanatik
    O avyon
    O lekòl

13. O Jodiya
    O avyon
    O Kontan

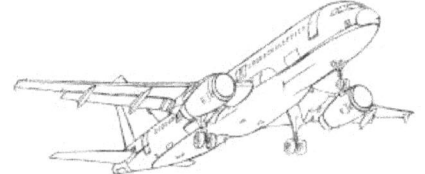

## Fè Koresponn - Leson 1 - Vole Avyon - Vokabilè

Non: _____ Klas: _____ Dat: _____

**Nan chak espas ki nan fraz yo, mete lèt ki tou pre mo ki ka konplete fraz la pi byen.**

1. Mwen te _____ pran tan pou gade avyon k ap vole.      a. piti

2. Apre mwen fini pase yon bon ti tan nan yon lekòl pilòt nan peyi _____,      b. pilòt
   mwen ka pilote avyon.

3. Lè mwen te piti, se te _____ mwen.      c. Jodiya

4. Mwen te toujou pran_____ pou gade avyon k ap vole.      d. pasyon

5. Mwen _____ sa anpil.      e. tan

6. Men, mwen te pi _____ avyon.      f. toujou

7. _____ mwen satisfè.      g. rèv

8. Lè mwen te_____, se te pasyon mwen.      h. Elikoptè

9. Men, mwen te pi fanatik_____.      i. fanatik

10. Apre mwen fini pase yon bon ti tan nan yon _____ pilòt nan peyi Bèljik,      j. avyon
    mwen ka pilote avyon.

11. _____ te enterese mwen tou.      k. Bèljik

12. Apre mwen fini pase yon bon ti tan nan yon lekòl _____ nan peyi Bèljik,      l. kontan
    mwen ka pilote avyon.

13. Mwen reyalize _____ mwen.      m. lekòl

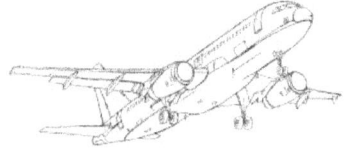

# Chwa Miltip - Leson 1 - Vole Avyon - Vokabilè

Non: _____ Klas: _____ Dat: _____

**Chak fraz gen yon mo ki manke. Ansèkle mo ki manke a.**

1. Mwen te _____ pran tan pou gade avyon k ap vole.
   A. pasyon
   B. kontan
   C. toujou
   D. piti

2. Apre mwen fini pase yon bon ti tan nan yon _____ pilòt nan peyi Bèljik, mwen ka pilote avyon.
   A. rèv
   B. Bèljik
   C. fanatik
   D. lekòl

3. Mwen _____ sa anpil.
   A. Elikoptè
   B. kontan
   C. rèv
   D. toujou

4. Men, mwen te pi _____ avyon.
   A. fanatik
   B. avyon
   C. Jodiya
   D. pilòt

5. Apre mwen fini pase yon bon ti tan nan yon lekòl pilot nan peyi _____, mwen ka pilote avyon.
   A. Bèljik
   B. toujou
   C. pasyon
   D. fanatik

6. Men, mwen te pi fanatik _____
   A. Elikoptè
   B. avyon
   C. rèv
   D. fanatik

7. Mwen reyalize _____ mwen.
   A. avyon
   B. Jodiya
   C. rèv
   D. tan

8. Lè mwen te _____, se te pasyon mwen.
   A. piti
   B. pilòt
   C. lekòl
   D. avyon

9. _____ te enterese mwen tou.
   A. rèv
   B. Elikoptè
   C. lekòl
   D. Jodiya

10. _____ mwen satisfè.
    A. avyon
    B. lekòl
    C. piti
    D. Jodiya

11. Apre mwen fini pase yon bon ti tan nan yon lekòl _____ nan payi Bèljik, mwen ka pilote avyon.
    A. fanatik
    B. Kontan
    C. pilòt
    D. Bèljik

12. Lè mwen te piti, se te _____ mwen.
    A. rèv
    B. Avyon
    C. pasyon
    D. Lekòl

13. Mwen te toujou pran _____ pou gade avyon k ap vole.
    A. pilòt
    B. piti
    C. tan
    D. rèv

**Ranpli espas vid la - Leson 1 - Vole Avyon - Vokabilè**

Non: _____ Klas: _____ Dat: _____

**Ekri mo ki koresponn nan nan chak espas vid ki nan fraz sa yo.**

1. _____ mwen satisfè

2. Mwen _____ sa anpil.

3. _____ te enterese mwen tou.

4. Lè mwen te _____, se te pasyon mwen.

5. Mwen te toujou pran _____ pou gade avyon k' ap vole.

6. Men, mwen te pi _____ avyon.

7. Apre mwen fini pase yon bon ti tan nan yon lekòl pilòt nan peyi

   _____, mwen ka pilote avyon.

8. Lè mwen te piti, se te _____ mwen.

9. Apre mwen fini pase yon bon ti tan nan yon lekòl _____ nan peyi
   Bèljik, mwen ka pilote avyon.

10. Mwen te _____ pran tan pou gade avyon k' ap vole.

11. Apre mwen fini pase yon bon ti tan nan yon _____ pilòt nan peyi
    Bèljik, mwen ka pilote avyon.

12. Men, mwen te pi fanatik _____.

13. Mwen reyalize _____ mwen.

**Chwazi repons ou yo pami mo sa yo:**

| | | | | | | |
|---|---|---|---|---|---|---|
| tan | Elikoptè | piti | pilòt | Bèljik | pasyon | Jodiya |
| avyon | lekòl | rèv | kontan | toujou | fanatik | |

### Rechèch Mo - Leson 1 - Vole Avyon - Vokabilè

Non: _____ Klas: _____ Dat: _____

**Eseye jwenn mo ki kache yo.**

```
W J R T Q A R P H E W
F E O E O G Q A I A X
A L U D V U K S O T T
N I B Z I K J Y Z D I
A K Z Z V Y O O J A A
T O P I B T A N U M V
I P I B X E T R T J Y
K T L E K O L D O A O
I E O L T W T J M X N
M H T Z O T I G I W K
U B X U J M V O C K D
```

**Chwazi pami mo sa yo:**

| | | | | | | |
|---|---|---|---|---|---|---|
| Elikoptè | pilòt | toujou | Jodiya | kontan | fanatik | tan |
| Bèljik | piti | rèv | avyon | pasyon | lekòl | |

# Aktivite Leson 2

**Lòd alfabetik - Leson 2 - Yon Sesyon Mizik - Vèb ak ekspresyon**

Non: _____ Klas: _____ Dat: _____

**Ranpli sèk ki tou pre mo ki vini anpremye dapre lòd alfabetik epi ekri mo a. Ekri mo a sou liy nan.**

1. O klarinèt
   O santi
   O koumanse

2. O tande
   O renmen
   O klarinèt

3. O klarinèt
   O bay
   O santi

4. O santi
   O koumanse
   O klarinèt

5. O koumanse
   O renmen
   O santi

6. O klarinèt
   O renmen
   O santi

# Fè Koresponn - Leson 2 - Yon Sesyon Mizik - Vèb ak ekspresyon

Non: _____ Klas: _____ Dat: _____

**Nan chak espas ki nan fraz yo, mete lèt ki tou pre mo ki ka konplete fraz la pi byen.**

1. Mwen_____ yon bèl amoni.                                                a. koumanse

2. Twonpèt kou twonbòn,_____kou flit, gita kou pyano yo tout ap chante.        b. renmen

3. Enstriman yo te fèk_____ jwe.                                              c. tande

4. Mwen_____ bon son.                                                         d. klarinèt

5. Mwen_____ mwen nan syèl.                                                    e. santi

6. Enstriman akòd kon enstriman van, yo tout ap _____bon son.                 f. bay

**Chwa Miltip - Leson 2 - Yon Sesyon Mizik - Vèb ak ekspresyon**

Non: _____  Klas: _____  Dat: _____

**Chak fraz gen yon mo ki manke. Ansèkle mo ki manke a.**

1. Mwen _____ yon bèl amoni.
A. renmen
B. santi
C. koumanse
D. tande

2. Enstriman yo te fèk _____ jwe.
A. bay
B. renmen
C. koumanse
D. santi

3. Twonpèt kou twonbòn, _____ kou flit, gita kou pyano yo tout ap chante.
A. koumanse
B. renmen
C. tande
D. klarinèt

4. Mwen _____ mwen nan syèl.
A. bay
B. klarin
C. renmen
D. santi

5. Enstriman akòd kon enstriman van, yo tout ap _____ bon son.
A. koumanse
B. klarin
C. bay
D. renmen

6. Mwen _____ bon son.
A. santi
8. bay
C. tande
D. renmen

14

**Ranpli espas vid la - Leson 2 - Yon Sesyon Mizik - Vèb ak ekspresyon**

Non: _____ Klas: _____ Dat: _____

**Ekri mo ki koresponn nan nan espas vid ki nan fraz sa yo.**

1. Mwen _____ bon son.

2. Mwen _____ yon bèl amoni.

3. Enstriman akòd kon enstriman van, yo tout ap _____ bon son.

4. Twonpèt kou twonbòn, _____ kou flit, gita kou pyano yo tout ap chante.

5. Enstriman yo te fèk _____ jwe.

6. Mwen _____ mwen nan syèl.

**Chwazi repons ou yo pami mo sa yo:**
bay    renmen    tande    santi    koumanse    klarinèt

# Rechèch Mo - Leson 2 - Yon Sesyon Mizik - Vèb ak ekspresyon

Non: _____  Klas: _____  Dat: _____

**Eseye jwenn mo ki kache yo.**

```
B M K C P F K M K O S P K P F A
A J R E R L L M S F C A A A V I
Y A X G A J A C M G B L N X M P
X K H O G T R V U Z J M C T G V
T W T Z F E I E L O H A V J I A
V Y J H K K N C I D B J S N B R
I C K M V C E R A N V U H S I K
I T K O R X T E R K T A N D E M
C C N X U A W N L T B M G M U O
W S P R M M G M E O C W D I V W
D J L U D P A E V O U E Q E K L
V Z J Z H W V N S G D R B V T P
U M I Y U F I L S E H X A R G C
E T U Q U S M G I E K F S T Q E
E W U W G Y T T T D R R E K T G
A F A E Q H C D W F V T I W K I
```

**Chwazi pami mo sa yo:**
santi    klarinèt    bay    tande    renmen    koumanse

# Lòd alfabetik - Leson 2 - Yon Sesyon Mizik - Vokabilè

Non: _____ Klas: _____ Dat: _____

**Ranpli sèk ki tou pre mo ki vini anpremyè dapre lòd alfabetik. Ekri mo a sou liy nan.**

1. ○ van
   ○ flit
   ○ Enstriman

2. ○ klarinèt
   ○ amoni
   ○ van

3. ○ van
   ○ flit
   ○ syèl

4. ○ syèl
   ○ twonbòn
   ○ van

5. ○ son
   ○ amoni
   ○ akòd

6. ○ anpil
   ○ amoni
   ○ van

7. ○ son
   ○ van
   ○ syèl

8. ○ akòd
   ○ anpil
   ○ syèl

9. ○ son
   ○ van
   ○ Twonpèt

10. O klarinèt
    O van
    O son

11. O flit
    O van
    O son

12. O Twonpèt
    O gita
    O akòd

**Fè Koresponn - Leson 2 - Yon Sesyon Mizik - Vokabilè**

Non: _____  Klas: _____  Dat: _____

**Nan chak espas ki nan fraz yo, mete lèt ki tou prè mo ki ka konplete fraz la pi byèn.**

1. Twonpèt kou _____, klarinèt kou flit, gita kou pyano yo tout ap chante.   a. amoni

2. _____ yo te fèk koumanse jwe.   b. Twonpèt

3. Twonpèt kou twonbòn, _____ kou flit, gita kou pyano yo tout ap chante.   c. syèl

4. Mwen tande yon bèl _____.   d. son

5. Twonpèt kou twonbòn, klarinèt kou flit, _____ kou pyano yo tout ap chante.   e. Enstriman

6. _____ kou twonbòn, klarinèt kou flit, gita kou pyano yo tout ap chante.   f. akòd

7. Enstriman _____ kon enstriman van, yo tout ap bay bon son.   g. twonbòn

8. Mwen renmen bon _____.   h. klarinèt

9. Kè mwen kontan _____.   i. gita

10. Enstriman akòd kon enstriman _____, yo tout ap bay bon son.   j. van

11. Twonpèt kou twonbòn, klarinèt kou _____, gita kou pyano yo tout ap chante.   k. anpil

12. Mwen santi mwen nan _____.   l. flit

19

# Chwa Miltip - Leson 2 - Yon Sesyon Mizik - Vokabilè

Non: _____ Klas: _____ Dat: _____

**Chak fraz gen yon mo ki manke. Ansèkle mo ki manke a.**

1. Mwen tande yon bèl _____.
A. van
B. Twonpèt
C. Enstriman
D. amoni

2. Twonpèt kou _____, klarinèt kou flit, gita kou pyano yo tout ap chante.
A. anpil
B. flit
C. twonbòn
D. syèl

3. Twonpèt kou twonbòn, klarinèt kou flit, _____ kou pyano yo tout ap chante.
A. Enstriman
B. gita
C. van
D. anpil

4. Twonpèt kou twonbòn,_____ kou flit, gita kou pyano yo tout ap chante.
A. gita
B. akòd
C. klarinèt
D. twonbòn

5. Enstriman akòd kon enstriman _____, yo tout ap bay bon son.
A. amoni
B. akòd
C. van
D. twonbòn

6. Mwen santi mwen nan _____.
A. amoni
B. Enstriman
C. anpil
D. syèl

7. _____ yo te fèk koumanse jwe.
A. van
B. klarinèt
C. akòd
D. Enstriman

8. Twonpèt kou twonbòn, klarinèt kou _____, gita kou pyano yo tout ap chante.
A. flit
B. son
C. Twonpèt
D. syèl

9. Kè mwen kontan _____.
A. akòd
B. Enstriman
C. syèl
D. anpil

10. Mwen renmen bon _____.
A. son
B. Twonpèt
C. akòd
D. amoni

11. Enstriman _____ kon enstriman van, yo tout ap bay bon son.
A. Twonpèt
B. akòd
C. twonbòn
D. gita

12. _____ kou twonbòn, klarinèt kou flit, gita kou pyano yo tout ap chante.
A. twonbòn
B. Twonpèt
C. Enstriman
D. van

**Ranpli espas vid la - Leson 2 - Yon Sesyon Mizik - Vokabilè**

Non: _____ Klas: _____ Dat: _____

**Ekri mo ki koresponn nan nan espas vid ki nan fraz sa yo.**

1. Twonpèt kou _____, klarinèt kou flit, gita kou pyano yo tout ap chante.

2. Mwen renmen bon _____.

3. Mwen tande yon bèl _____.

4. _____ yo te fèk koumanse jwe.

5. Enstriman akòd kon enstriman _____, yo tout ap bay bon son.

6. _____ kou twonbòn, klarinèt kou flit, gita kou pyano yo tout ap chante.

7. Twonpèt kou twonbòn, klarinèt kou _____, gita kou pyano yo tout ap chante.

8. Mwen santi mwen nan _____.

9. Enstriman _____ kon enstriman van, yo tout ap bay ban son.

10. Twonpèt kou twonbòn, _____ kou flit, gita kou pyano yo tout ap chante.

11. Kè mwen kontan _____.

12. Twonpèt kou twonbòn, klarinèt kou flit, _____ kou pyano yo tout ap chante.

**Chwazi repons ou yo pami mo sa yo:**

| | | | | | |
|---|---|---|---|---|---|
| twonbòn | akòd | amoni | Twonpèt | van | gita |
| Klarinèt | anpil | son | syèl | Enstriman | flit |

**Rechèch Mo - Leson 2 - Yon Sesyon Mizik -Vokabiè**

Non: _____ Klas: _____ Dat: _____

**Eseye jwenn mo ki kache yo.**

```
H  G  I  T  A  V  Y  I  K  I  U  P  I  V  K  Y
P  E  C  K  Z  T  I  S  Y  E  L  T  A  C  M  C
Z  N  Z  V  A  Y  O  U  H  I  Y  U  Y  L  P  G
D  S  X  X  T  B  F  O  V  K  V  Z  U  Z  N  D
P  T  V  T  W  O  N  B  O  N  O  A  K  T  T  W
K  R  O  S  O  N  B  F  Q  C  B  F  N  R  C  H
X  I  Y  A  N  P  I  L  C  U  W  Z  A  C  T  Q
I  M  R  E  P  A  K  O  D  C  K  G  S  I  G  H
A  A  I  E  E  X  L  Q  A  N  F  E  X  N  C  F
M  N  W  X  T  D  A  D  I  A  G  L  Y  K  V  W
O  G  A  M  S  K  R  Q  N  C  J  E  I  M  F  H
N  R  U  K  N  F  I  R  B  G  Y  Y  X  T  A  Y
I  Z  D  D  V  F  N  P  L  B  I  C  I  I  M  K
M  X  V  D  U  G  E  E  J  G  C  N  R  X  V  Z
O  F  N  O  D  N  T  W  H  R  P  J  Z  I  T  F
P  R  N  A  E  N  F  O  Y  J  A  H  V  Q  Y  J
```

**Chwazi pami mo sa yo:**

| | | | | | |
|---|---|---|---|---|---|
| gita | twonbòn | flit | van | son | akòd |
| Amoni | anpil | Enstriman | klarinèt | Twonpèt | syèl |

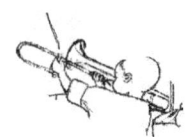

# Aktivite Leson 3

**Lòd alfabetik - Leson 3 - Fè Laglisad - Vèb**

Non: _____ Klas: _____ Dat: _____

**Ranpli sèk ki tou pre mo ki vini anpremye dapre lòd alfabetik epi ekri mo a.**

1. O Se
   O gen
   O sonje

2. O gen
   O sonje
   O fèmen

3. O Se
   O sonje
   O moute

4. O se pa te
   O chita
   O gen

5. O se pa te
   O fèmen
   O sonje

6. O Se
   O se pa te
   O gen

7. O chita
   O pran prekosyon
   O Se

8. O se pa te
   O chita
   O moute

| Fè Koresponn - Leson 3 - Fè Laglisad - Vèb |
|---|

Non: _____ Klas: _____ Dat: _____

**Nan chak espas ki nan fraz yo, mete lèt ki tou pre mo ki ka konplete fraz la pi byen.**

1. Lè mwen te piti mwen te _____ anpil amizman.      a. Gen

2. _____ te bèl plezi.      b. Fèmen

3. Men _____ grav.      c. pran prekosyon

4. Mwen menm ak ti zanmi mwen yo, nou _____ sou mòn bò lakay.      d. Se

5. Men pafwa, lè nou pa _____, nou konn gen kèk grafonyen.      e. se pa te

6. Nan tout sa mwen te konn fè, mwen _____ laglisad.      f. Sonje

7. Nou te sèvi ak yon moso katon, nou _____ sou li epi nou leve de pye nou anlè.      g. chita

8. Pafwa nou _____ je nou n'ap desann.      h. Moute

24

# Chwa Miltip - Leson 3 - Fè Laglisad - Vèb

Non: _____ Klas: _____ Dat: _____

**Chak fraz gen yon mo ki manke. Ansèkle mo ki manke a.**

1. Pafwa nou _____ je nou n'ap desann.
A. fèmen
B. pran prekosyon
C. chita
D. Se

2. Men pafwa, lè nou pa _____, nou konn gen kèk grafonyen.
A. moute
B. sonje
C. pran prekosyon
D. chita

3. Nou te sèvi ak yon moso katon, nou _____ sou li epi nou leve de pye nou anlè.
A. moute
B. Se
C. chita
D. gen

4. _____ te bèl plezi.
A. Se
B. sonje
C. chita
D. gen

5. Nan tout sa mwen te konn fè, mwen _____ laglisad.
A. gen
B. sonje
C. femen
D. Se

6. Men _____ grav.
A. se pa te
B. Se
C. fèmen
D. moute

7. Mwen menm ak ti zanmi mwen yo, nou _____ sou mòn bò lakay.
A. chita
B. moute
C. se pa te
D. sonje

8. Lè mwen te piti mwen te _____ anpil amizman.
A. chita
B. Se
C. gen
D. fèmen

**Ranpli espas vid la - Leson 3 - Fè Laglisad - Vèb**

Non: _____ Klas: _____ Dat: _____

**Ekri mo ki koresponn nan espas vid ki nan fraz sa yo.**

1. Pafwa nou _____ je nou n'ap desann.

2. Men pafwa, lè nou pa _____ , nou konn gen kèk grafonyen.

3. Lè mwen te piti mwen te _____ anpil amizman.

4. Nou te sèvi ak yon moso katon, nou _____ sou li epi nou leve de pye nou anlè.

5. Mwen menm ak ti zanmi mwen yo, nou _____ sou mòn bò lakay.

6. _____ te bèl plezi.

7. Nan tout sa mwen te konn fè, mwen _____ laglisad.

8. Men _____ grav.

**Chwazi repons ou yo pami mo sa yo:**

| | | | |
|---|---|---|---|
| fèmen | moute | se pa te | pran prekosyon |
| chita | Se | sonje | gen |

**Rechèch Mo - Leson 3 - Fè Laglisad - Vèb**

Non: _____  Klas: _____  Dat: _____

Eseye jwenn mo ki kache yo.

```
P L E Z I B T Z J S X Z F M W S Q A L
T O W Y G X G A X V R B H L R J X O B
S O G Q G R J Z C Y N K S E H A M M L
F W M T H Z A K L G D D Y S B Y E C K
S P N I P L I F K A H R M H F V Y L V
Y Q U G S Y U R O C G Z S O W N P F W
D O Z E L O G V Q N I L L I S J F Q C
P G N N I T Z Q W U Y P I Y Q F I Z X
S W C Y R V G G T V R E W S F B X H V
Y W Q E C U S Z U D Z O N V A X Y V U
E K K V E T F A I T I D K W Y D G D Z
B N G L O V U N A M I Z M A N I E I C
P V K A T W V M D O L N A V Y P S E H
W Q J N P K K I M V D G Y M U Z K K P
T O Y G R A V J T L M T S G W H R K N
Q Y Z J C T F L R X N J Z R Z D U Z
E Y V X G O K W Y K E P S K V T N K Q
X X U M B N L J A F O C N F Y T F O S
M S I W Q E Y S X N G F W D E R Y A I
```

**Chwazi pami mo sa yo:**

grafonyen   zanmi   plezi   grav   laglisad   katon
amizman   Pafwa

**Lòd alfabetik - Leson 3 - Fè Laglisad - Vokabilè**

Non: _____  Klas: _____  Dat: _____

**Ranpli sèk ki tou pre mo ki vini anpremye dapre lòd alfabetik epi ekri mo a.**

1. O Pafwa
   O amizman
   O laglisad

2. O grav
   O Pafwa
   O laglisad

3. O zanmi
   O grafonyen
   O plezi

4. O zanmi
   O katon
   O amizman

5. O grav
   O Pafwa
   O grafonyen

6. O grafonyen
   O zanmi
   O plezi

7. O laglisad
   O grafonyen
   O amizman

8. O laglisad
   O sonnen
   O grav

**Fè Koresponn - Leson 3 - Fè Laglisad - Vokabilè**

Non: _____ Klas: _____ Dat: _____

**Nan chak espas ki nan fraz yo, mete lèt ki tou pre mo ki ka konplete fraz la pi byen.**

1. Se te bèl _____.                                              a. katon

2. Nou te sèvi ak yon moso_____, nou chita sou li epi nou leve de pye     b. grafonyen
   nou anlè.

3. Lè mwen te piti mwen te gen anpil _____.                      c. grav

4. Mwen menm ak ti _____mwen yo, nou moute sou mòn bò lakay.          d. plezi

5. Nan tout sa mwen te konn fè, mwen sonje_____.                 e. zanmi

6. _____ nou fèmen je nou n'ap desann.                       f. Pafwa

7. Men se pa te _____.                                         g. amizman

8. Men pafwa, lè nou pa pran prekosyon, nou konn gen kèk_____.         h. laglisad

**Chwa Miltip - Leson 3 - Fè Laglisad - Vokabilè**

Non: _____ Klas: _____ Dat: _____

**Chak fraz gen yon mo ki manke. Ansèkle mo ki manke a.**

1. Men pafwa, lè nou pa pran prekosyon, nou konn gen kèk_____.
A. grav
B. grafonyen
C. plezi
D. amizman

2. Se te bèl _____
A. zanmi
B. grav
C. plezi
D. laglisad

3. Men se pa te_____
A. amizman
B. grav
C. laglisad
D. katon

4. Lè mwen te piti mwen te gen anpil _____.
A. katon
B. zanmi
C. plezi
D. amizman

5. _____ nou fèmen je nou n'ap desann.
A. katon
B. Pafwa
C. amizman
D. laglisad

6. Mwen menm ak ti _____mwen yo, nou moute sou mòn bò lakay.
A. zanmi
B. laglisad
C. katon
D. grav

7. Nou te sèvi ak yon moso _____, nou chita sou li epi nou leve de pye nou anlè.
A. zanmi
B. katon
C. grafonyen
D. laglisad

8. Nou tout sa mwen te konn fè, mwen sonje _____.
A. laglisad
B. grafonyen
C. amizman
D. plezi

**Ranpli espas vid la - Leson 3 - Fè Laglisad - Vokabilè**

Non: _____  Klas: _____  Dat: _____

**Ekri mo ki koresponn nan espas vid ki nan fraz sa yo.**

1. Se te bèl _____.

2. Nan tout sa mwen te konn fè, mwen sonje _____.

3. Lè mwen te piti mwen te gen anpil_____

4. Men se pa te_____

5. Nou te sèvi ak yon moso _____, nou chita sou li epi nou leve de pye nou anlè.

6. Men pafwa, lè nou pa pran prekosyon, nou konn gen kèk_____.

7. Mwen menm ak ti _____ mwen yo, nou moute sou mòn bò lakay.

8._____ nou fèmen je nou n'ap desann.

**Chwazi repons ou yo pami mo sa yo:**

plezi	katon	laglisad	amizman	zanmi	pafwa
grav	grafonyen

**Rechèch Mo - Leson 3 - Fè Laglisad - Vokabilè**

Non: _____ Klas: _____ Dat: _____

**Eseye jwenn mo ki kache yo.**

```
P L E Z I B T Z J S X Z F M W S Q A L
T O W Y G X G A X V R B H L R J X O B
S O G Q G R J Z C Y N K S E H A M M L
F W M T H Z A K L G D D Y S B Y E C K
S P N I P L I F K A H R M H F V Y L V
Y Q U G S Y U R O C G Z S O W N P F W
D O Z E L O G V Q N I L L I S J F Q C
P G N N I T Z Q W U Y P I Y Q F I Z X
S W C Y R V G G T V R E W S F B X H V
Y W Q E C U S Z U D Z O N V A X Y V U
E K K V E T F A I T I D K W Y D G D Z
B N G L O V U N A M I Z M A N I E I C
P V K A T W V M D O L N A V Y P S E H
W Q J N P K K I M V D G Y M U Z K K P
T O Y G R A V J T L M T S G W H R K N
Q Y Z J C T F L X R X N J Z R Z D U Z
E Y V X G O K W Y K E P S K V T N K Q
X X U M B N L J A F O C N F Y T F O S
M S I W Q E Y S X N G F W D E R Y A I
```

**Chwazi pami mo sa yo:**

grafonyen    zanmi    plezi    grav    laglisad    katon
amizman    Pafwa

32

# Aktivite Leson 4
## Lòd alfabetik - Leson 4 - Nan Yon Match -Vèb

Non: _____ Klas: _____ Dat: _____

**Ranpli sèk ki tou pre mo ki vini anpremye dapre lòd alfabetik epi ekri mo a.**

1. O siveye
   O pran
   O sonnen

2. O pran
   O pouse
   O reyini

3. O soufle
   O rive
   O kale

4. O pouse
   O koumanse
   O rive

5. O Gade
   O trible
   O siveye

6. O trible
   O koumanse
   O reyini

7. O reyini
   O kale
   O rive

8. O siveye
   O sonnen
   O reyini

9. O soufle
   O sonnen
   O rive

10. O pran
    O sonnen
    O koumanse

11. O pouse
    O rive
    O pran

**Fè Koresponn - Leson 4 - Nan Yon Match - Vèb**

Non: _____ Klas: _____ Dat: _____

**Nan chak espas ki nan fraz yo, mete lèt ki tou pre mo ki ka konplete fraz la pi byen.**

1. Bon, Bon! ti jwè a pase tout jwè li rive devan gadyen an, li_____ boul la nan mitan janm ni.   a. soufle

2. Bon, Bon! ti jwè a pase tout jwè! Li_____ devan gadyen an, li pouse boul la nan mitan janm ni.   b. koumanse

3. Tout moun gen tan_____.   c. reyini

4. Je tout moun _____sou ekip pa yo.   d. pouse

5. Li tèlman_____ tout moun pè li.   e. Gade

6. Gadyen yo ap_____ balon toupatou.   f. pran

7. _____yon ti jwè!   g. rive

8. Abit la met souflèt li nan bouch li; li_____.   h. sonnen

9. Twazè_____ beng!   i. trible

10. Estad la _____ dife!   j. siveye

11. Tout jwè foutbòl yo_____fè mouvman.   k. kale

34

**Chwa Miltip - Leson 4 - Nan Yon Match - Vèb**

Non: _____ Klas: _____ Dat: _____

**Chak fraz gen yon mo ki manke. Ansèkle mo ki manke a.**

1. Je tout moun _____ sou ekip pa yo.
A. sonnen
B. kale
C. reyini
D. pouse

2. _____ yon ti jwè!
A. soufle
B. pran
C. rive
D. Gade

3. Estad la_____ dife!
A. pouse
B. pran
C. siveye
D. soufle

4. Gadyen yo ap _____ balon toupatou.
A. siveye
B. koumanse
C. Gade
D. trible

5. Bon, Bon! ti jwè a pase tout jwè! Li rive devan gadyen an, li _____ boul la nan mitan janm ni.
A. kale
B. sonnen
C. pouse
D. siveye

6. Twazè _____ beng!
A. pran
B. siveye
C. sonnen
D. koumanse

7. Bon, Bon! ti jwè a pase tout jwè! Li _____ devan gadyen an, li pouse boul la nan mitan janm ni.
A. soufle
B. rive
C. koumanse
D. pran

8. Li tèlman _____ tout moun pè li.
A. kale
B. rive
C. trible
D. pouse

9. Tout jwè foutbòl yo _____ fè mouvman.
A. pouse
B. koumanse
C. sonnen
D. siveye

10. Abit la met souflèt li nan bouch li; li _____.
A. soufle
B. kale
C. Gade
D. trible

11. Tout moun gen tan _____.
A. soufle
B. reyini
C. siveye
D. pran

**Ranpli espas vid la - Leson 4 - Nan Yon Match -Vèb**

Non: _____ Klas: _____ Dat: _____

**Ekri mo ki koresponn nan espas vid ki nan fraz sa yo.**

1. Je tout moun _____ sou ekip pa yo.

2. Tout jwè foutbòl yo _____ fè mouvman.

3. Li tèlman _____ tout moun pè li.

4. _____ yon ti jwè!

5. Twazè _____ beng!

6. Gadyen yo ap _____ balon toupatou.

7. Tout moun gen tan _____.

8. Bon, Bon! ti jwè a pase tout jwè. Li _____ devan gadyen an, li pouse boul la nan mitan janm ni

9. Bon, Bon! ti jwè a pase tout jwè! Li rive devan gadyen an, li _____ boul la nan mitan janm ni.

10. Abit la met souflèt li nan bouch li; li _____.

11. Estad la _____ dife!

**Chwazi repons ou yo pami mo sa yo:**

| Soufle | sonnen | trible | Gade | kale | reyini |
|--------|--------|--------|------|------|--------|
| koumanse | pran | siveye | rive | pouse | |

36

# Rechèch Mo - Leson 4 - Nan Yon Match - Vèb

Non: _____ Klas: _____ Dat: _____

**Eseye jwenn mo ki kache yo.**

```
X Z D P X F X T T B E Z K N M N L Y N O J U
B I E Y T I V T U H I M O V N E K F H V E R
Y Y G D P P D A V B X S U C C G I C X T X W
X Y U L L F C W V H X M N B H O E F S I G
F F D J U P F G I S Z G A D E S P I U W Z A
N X M D X F Y N Q O I Q N J K K H D E T G Y
V R T H Y C V I F V F V S M F P Y X K L B B
D Z Y J F E F Z I Q U K E O E R O S K J N K
K R A B K O I C C A J W I Y U Y I I E W O E
A R D Q H D D Q S G E R F M E F P R Z A N O
L T I O T P S P C R N I O Y D C L B S O P B
E C R H U B V I P H T R F C A E S E O R V V
Y S O I O F E X Y P P Q G W D B A I I P R Q
V C Z K B U Y W D O L Z D R Y N A J C V L W
V O G R J L R T F U T X Z R W O P O S H G F
F S E I E U E F N S O N N E N G W D N Y A V
O D Q V H X M X C E A Y I Y Y N T S S L L P
J F Q E L E B X J N M J P I A W I S K K D J
C I H H R A Q G P H N Y X N Q C O Q O Q R P
Q T O Y L N N W R C E Y X I Q A B Z C R A Q
I J W V Z K A U A H O C G M S I J U O I Q N
M S K P T J G Q N W T H E H X R E G S I Z T
```

## Chwazi pami mo sa yo:

| | | | | | |
|---|---|---|---|---|---|
| pouse | pran | soufle | siveye | Gade | reyini |
| kale | rive | sonnen | koumanse | trible | |

37

**Lòd alfabetik - Leson 4 - Nan Yon Match – Vokabilè**

Non: _____ Klas: _____ Dat: _____

**Ranpli sèk ki tou pre mo ki vini anpremye dapre lòd alfabetik epi ekri mo a.**

1. O koumanse
   O beng
   O Je

2. O moun
   O souflèt
   O reyini

3. O foutbòl
   O Abit
   O koumanse

4. O jwè
   O Abit
   O foutbòl

5. O jwe
   O ekip
   O Gade

6. O tèlman
   O foutbòl
   O jwè

7. O souflèt
   O ekip
   O Gade

8. O souflèt
   O reyini
   O Gade

9. O reyini
   O ekip
   O tèlman

10. O tèlman
    O souflèt
    O reyini

11. O je
    O foutbòl
    O jwe

12. O jwè
    O koumanse
    O moun

# Fè Koresponn - Leson 4 - Nan Yon Match - Vokabilè

Non: _____ Klas: _____ Dat: _____

**Nan chak espas ki nan fraz yo, mete lèt ki tou pre mo ki ka konplete fraz la pi byen.**

1. Gade yon ti _____!   a. ekip

2. Li _____ trible tout moun pè li.   b. jwè

3. Twazè sonnen _____!   c. tèlman

4. Tout jwè _____ yo koumanse fè mouvman.   d. moun

5. Tout _____ gen tan reyini.   e. beng

6. Je tout moun kale sou _____ pa yo.   f. foutbòl

7. _____ la met souflèt li nan bouch li; li soufle.   g. abit

**Chwa Miltip - Leson 4 - Nan Yon Match - Vokabilè**

Non: _____ Klas: _____ Dat: _____

**Chak fraz gen yon mo ki manke. Ansèkle mo ki manke a.**

1. Gade yon ti _____!
A. beng
B. jwè
C. Abit
D. ekip

2. Li _____ trible tout moun pè li.
A. jwè
B. ekip
C. tèlman
D. beng

3. _____ la met souflèt li nan bouch li; li soufle.
A. foutbòl
B. Abit
C. jwè
D. ekip

4. Twazè sonnen _____!
A. Abit
B. tèlman
C. beng
D. jwe

5. Tout jwè _____ yo koumanse fè mouvman.
A. Abit
B. foutbòl
C. beng
D. moun

6. Je tout moun kale sou _____ pa yo.
A. jwè
B. moun
C. ekip
D. beng

7. Tout _____ gen tan reyini.
A. tèlman
B. beng
C. Abit
D. moun

| Ranpli espas vid la - Leson 4 - Nan Yon Match - Vokabilè |
|---|
| Non: _____ Klas: _____ Dat: _____ |

**Ekri mo ki koresponn nan espas vid ki nan fraz sa yo.**

1. Gade yon ti _____!

2. Tout jwè _____ yo koumanse fè mouvman.

3. _____ la met souflèt li nan bouch li; li soufle.

4. Twazè sonnen _____!

5. Tout _____ gen tan reyini.

6. Li _____ trible tout moun pè li.

7. Je tout moun kale sou _____ pa yo.

**Chwazi repons ou yo pami mo sa yo:**
moun    Abit    jwè    tèlman    ekip    beng    foutbòl

41

# Rechèch Mo - Leson 4 - Nan Yon Match- Vokabilè

Non: _____  Klas: _____  Dat: _____

**Eseye jwenn mo ki kache yo.**

```
R J T M D I T L V T M V A F B U
R Y R A T F Z B D N Y S U B P Q
B S M E W V V O E P P M C I B L
V W Z U Q D Z P H K R C U V B I
Y B K X G Y T U V S I L V B O K
Z K P K I I M R A T Z P N X V T
K O U M A N S E Z J E A B I T D
L Q J X U T O Y T F F L J M B U
G B P Q G B U I M P F O M W B L
W K B F E C F N D F R Q H A E X
T M Y Q K Z L I P F P R B A N T
J M D G A D E M F J V W Y I G F
A Q O F O U T B O L A H D R K P
G C H U E D G U D Y S R G X S R
H F U U N P N Q H U K L D Z I W
J C R V F V N K J Q W I H E N D
```

**Chwazi pami mo sa yo:**

| | | | | | |
|---|---|---|---|---|---|
| tèlman | Abit | moun | Gade | beng | souflèt |
| ekip | koumanse | jwè | foutbòl | Je | reyini |

# Aktivite Leson 5

Lòd alfabetik - Leson 5 - Bato Tonton Mwen An - Vèb

Non: _____ Klas: _____ Dat: _____

**Ranpli sèk ki tou pre mo ki vini anpremye dapre lòd alfabetik epi ekri mo a.**

1. O achte
   O pote
   O Se

2. O travay
   O renmen
   O Bato a bèl

3. O Se
   O koule
   O renmen

4. O Bato a bèl
   O achte
   O travay

5. O renmen
   O li pi gwo
   O prale

6. O prale
   O li pi gwo
   O Se

7. O pote
   O li pi gwo
   O renmen

8. O koule
   O prale
   O pote

9. O pote
   O koule
   O Bato a bèl

# Fè Koresponn - Leson 5 - Bato Tonton Mwen An - Vèb

Non: _____ Klas: _____ Dat: _____

**Nan chak espas ki nan fraz yo, mete lèt ki tou pre mo ki ka konplete fraz la pi byen.**

1. Tanton mwen pral_____ sou li avèk kèk lòt maren.

2. _____ anpil.

3. Yon sèl bagay mwen di tonton mwen, pa pote twòp chay ak moun pou bato a pa _____.

4. _____ yon bato tay mwayèn.

5. Yon sèl bagay mwen di tonton mwen, pa_____ twòp chay ak moun pou bato a pa koule.

6. Yo _____ fè Jeremi - Pòtoprens.

7. Bato sila a, kwake li pa twò gwo, _____ pase tout bato ki sou waf la.

8. Tonton mwen _____ yon bato tou nèf.

9. Anpil moun _____ bato a.

a. Bato a bèl

b. achte

c. renmen

d. travay

e. li pi gwo

f. Se

g. pote

h. koule

i. prale

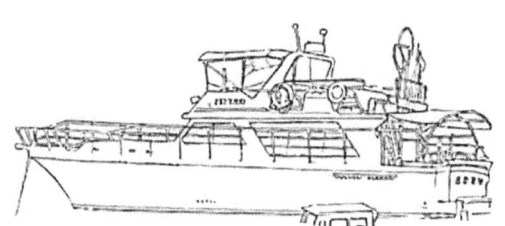

# Chwa Miltip - Leson 5 - Bato Tonton Mwen An - Vèb

Non: _____ Klas: _____ Dat: _____

**Chak fraz gen yon mo ki manke. Ansèkle mo ki manke a.**

1. Yon sèl bagay mwen di tonton mwen, pa _____ twòp chay ak moun pou bato a pa koule.
A. prale
B. pote
C. Se
D. travay

2. Yon sèl bagay mwen di tonton mwen, pa pote twòp chay ak moun pou bato a pa _____
A Bato a bèl
B. Se
C. koule
D. pote

3. _____ yon bato tay mwayèn.
A renmen
B. li pi gwo
C. Se
D. travay

4. Tanton mwen pral _____ sou li avèk kèk lòt maren.
A travay
B. pote
C. li pi gwo
D. achte

5. Bato sila a, kwake li pa twò gwo, _____ pase tout bato ki sou waf la.
A. li pi gwo
B. renmen
C. achte
D. pote

6. Anpil moun _____ bato a.
A koule
B. Bato a bèl
C. renmen
D. Se

7. Tanton mwen _____ yon bato tou nèf.
A achte
B. travay
C. renmen
D. koule

8. Yo _____ fè Jeremi-Pòtoprens.
A. prale
B. Bato a bèl
C. achte
D. Se

9. _____ anpil
A koule
B. pote
C. Bato a bèl
D. travay

**Ranpli espas vid la - Leson 5 - Bato Tonton Mwen An - Vèb**

Non: _____ Klas: _____ Dat: _____

**Ekri mo ki koresponn nan espas vid ki nan fraz sa yo.**

1. Tanton mwen _____ yon bato tou nèf.

2. Anpil moun _____ bato a.

3. Yon sèl bagay mwen di tonton mwen, pa pate twòp chay ak moun pou bato a pa _____

4. Yon sèl bagay mwen di tonton mwen, pa _____ twòp chay ak moun pou bato a pa koule.

5. _____ yon bato tay mwayèn.

6. Yo _____ fè Jeremi - Pòtoprens.

7. Bato sila a, kwake li pa twò gwo, _____ pase tout bato ki sou waf la.

8. _____ anpil.

9. Tanton mwen pral _____ sou li avèk kèk lòt maren.

**Chwazi repons ou yo pami mo sa yo:**

| | | | | | |
|---|---|---|---|---|---|
| Travay | achte | pote | renmen | koule | prale |
| Bato a bèl | Se | li pi gwo | | | |

**Rechèch Mo - Leson 5 - Bato Tonton Mwen An - Vèb**

Non: _____  Klas: _____  Dat: _____

**Eseye jwenn mo ki kache yo.**

```
C B V E D H D U P H A P Y E O A R U T F
Y W A C A P I M U I R O C S O K E R F Z
M M R D E O Q Y I Z P T Q U J T B L U Q
V M A C H T E Z Y Q F E N E I O C E N I
T F P B O G V A N A B M J Y Y U F L H V
I V E P N C S Y B B R F S M J Z W P H W
T S F E Q W A S S Q F D S C X W X F Y P
Y Y T K X H B A T O A B E L L F N I G V
R E J B I G K S U U G D R S I J N O D Y
I G A O D K A N E D J W H V X P H F C W
D C J T R L G V S R Z I B B W M I I Q U
H L U G V K O U L E R Z C Z F J M G D K
O G O O B L O C H N B Q P H O A E O W R
P D D J T H Y S F M D T G B G D B Z U O
R V E W D X B Q I E A S R C O K F J W Z
A L I L O E A E I N R A T A J N B T K M
L B T O H W I D Q N I F J K V C S T O D
E X J V L V O M Z H N V I L S A E Y G K
L E R N L C O O I L T X S D D J Y I P X
B U S O M H L J P V X H V X J V I O W A
```

**Chwazi pami mo sa yo:**

| | | | | | |
|---|---|---|---|---|---|
| Se | pote li | pi gwo | koule | achte | travay |
| Bato a bèl | prale | renmen | | | |

**Lòd alfabetik - Leson 5 - Bato Tonton Mwen An - Vokabilè**

Non: _____ Klas: _____ Dat: _____

**Ranpli sèk ki tou pre mo ki vini anpremye dapre lòd alfabetik epi ekri mo a.**

1. O Tonton
   O maren
   O bagay

2. O Bato
   O moun
   O bagay

3. O moun
   O tay mwayèn
   O waf

4. O bagay
   O chay
   O maren

5. O Tonton
   O Jeremi
   O moun

6. O waf
   O Tonton
   O moun

7. O waf
   O Tonton
   O moun

8. O waf
   O chay
   O bagay

9. O bagay
   O maren
   O Jeremi

# Fè Koresponn - Leson 5 - Bato Tonton Mwen An - Vokabilè

Non: _____ Klas: _____ Dat: _____

**Nan chak espas ki nan fraz yo, mete lèt ki tou pre mo ki ka konplete fraz la pi byen.**

1. Yon sèl _____ mwen di tonton mwen, pa pote twòp chay ak moun pou bato a pa koule.   a. moun

2. Tonton mwen pral travay sou li avèk kèk lòt _____   b. Jeremi

3. Bato sila a, kwake li pa twò gwo, li pi gwo pase tout bato ki sou _____ la.   c. waf

4. Yo prale fè _____ - Pòtoprens.   d. bagay

5. Yon sèl bagay mwen di tonton mwen, pa pote twòp _____ ak moun pou bato a pa koule.   e. chay

6. _____ a bèl anpil.   f. Tonton

7. _____ mwen achte yon bato tou nèf.   g. Maren

8. Anpil _____ renmen bato a.   h. tay mwayèn

9. Se yon bato _____.   i. Bato

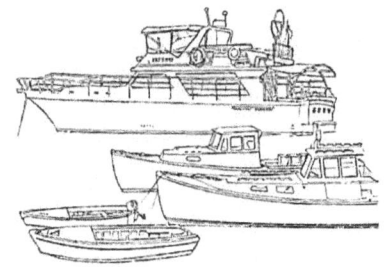

49

**Chwa Miltip - Leson 5 - Bato Tanton Mwen An - Vokabilè**

Non: _____  Klas: _____  Dat: _____

**Chak fraz gen yon mo ki manke. Ansèkle mo ki manke a.**

1. _____ mwen achte yon bato tou nèf.
A. chay
B. waf
C. Jeremi
D. Tonton

2. Anpil _____ renmen bato a.
A. maren
B. bagay
C. moun
D. tay mwayèn

3. Tonton mwen pral travay sou li avèk kèk lot _____.
A. Jeremi
B. waf
C. maren
D. chay

4. Yo prale fè _____ - Pòtoprens.
A. bagay
B. waf
C. Bato
D. Jeremi

5. Yon sèl _____ mwen di tonton mwen, pa pote twòp chay ak moun pou bato a pa koule.
A. bagay
B. Jeremi
C. tay mwayèn
D. waf

6. Se yon bato _____
A. tay mwayèn
B. maren
C. Bato
D. Jeremi

7. _____ a bèl anpil.
A. chay
B. maren
C. Bato
D. waf

8. Yon sèl bagay mwen di tonton mwen, pa pote twòp _____ pou bato a pak koule.
A. chay
B. maren
C. tay mwayèn
D. Bato

9. Bato sila a, kwake li pa twò gwo, li pi gwo pase tout bato ki sou _____ la.
A. Bato
B. bagay
C. waf
D. Jeremi

# Ranpli espas vid la - Leson 5 - Bato Tonton Mwen An - Vokabilè

Non: _____  Klas: _____  Dat: _____

**Ekri mo ki koresponn nan espas vid ki nan fraz sa yo.**

1. Anpil _____ renmen bato a.

2. Yon sèl _____ mwen di tonton mwen, pa pote twòp chay ak moun pou bato a pa koule.

3. _____ mwen achte yon bato tau nèf.

4. Yo prale fè _____ - Potoprens.

5. Se yon bato _____.

6. Bato sila a, kwake li pa twò gwo, li pi gwo pase tout bato ki sou _____ la.

7. Tanton mwen pral travay sou li avèk kèk lot _____

8. Yon sèl bagay mwen di tonton mwen, pa pate twop _____ ak moun pou bato a pa koule.

9. _____ a bèl anpil.

## Chwazi repons ou yo pami mo sa yo:

| Tanton | tay mwayèn | maren | bagay | moun |
| Jeremi | Bato | waf | chay | |

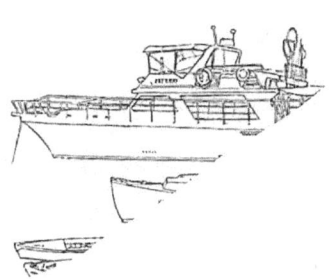

**Rechèch Mo - Leson 5 - Bato Tonton Mwen An - Vokabilè**

Non: _____ Klas: _____ Dat: _____

**Eseye jwenn mo ki kache yo.**

```
H B S M T L L K N O Q B E I B K Z
O A U M Q Y N A R D C X E J L L P
N T A P P T R M S N N Q X M X V R
D O T V S T S B C T O Z O N U H K
W X G A B N X H R C Z M V D I G H
B A G A Y C G I P X C P Z Q T I W
Z V L V G W A F W M B F R B R L B
Q X M U E W F V R E S J L G V G J
T G M Y V T Q I R G Z Z S U M P T
O A W W Y D E R B B U W L E K N L
N R Y L C A U D J E R E M I W J O
T F V M A D V I Y X E L Q G R J Z
O I T O W J L M H H Y K I X A E W
N O H U S A C H A Y X G V N E Q G
G J H N X Z Y B U R U Z B P D U H
R N Z D H I Q E N D E Y N R Z A S
T M X H U J W A N N B N P O V L X
```

**Chwazi pami mo sa yo:**

| | | | | |
|---|---|---|---|---|
| waf | chay | moun | Tonton | Jeremi |
| Maren | tay mwayèn | Bato | bagay | |

# Aktivite Leson 6
**Lòd alfabetik - Leson 6 - Jwèt Bòlèt - Vèb**

Non: _____ Klas: _____ Dat: _____

**Ranpli sèk ki tou pre mo ki vini anpremye dapre lòd alfabetik epi ekri mo a.**

1. O reve
   O jwe
   O pran

2. O jwe
   O se
   O pran

3. O ale
   O meprize
   O jwenn

4. O genyen
   O ale
   O renmen

5. O meprize
   O jwenn
   O jwe

6. O reve
   O pote
   O genyen

7. O ale
   O jwenn
   O genyen

8. O jwe
   O reve
   O genyen

9. O ale
   O jwe
   O pran

10. O ale
    O jwe
    O reve

# Fè Koresponn - Leson 6 - Jwèt Bòlèt - Vèb

Non: _____ Klas: _____ Dat: _____

**Nan chak espas ki nan fraz yo, mete lèt ki tou pre mo ki ka konplete fraz la pi byen.**

1. Pafwa _____ yon gwo traka.  a. pote

2. Yo ta _____ rich, yo ta renmen gen kob vit.  b. jwe

3. Raman yo _____ .  c. meprize

4. Bon rèv kou move rèv, tout pote moun ale _____ yon ti nimewo.  d. se

5. Enben, se sa ki fè nan chak kwen kapital la, e nan anpil pwovens, ou _____ yon bank bòlèt.  e. genyen

6. Yo _____ tout non.  f. renmen

7. Bon rèv kou move rèv, tout pote moun _____ pran yon ti nimewo.  g. reve

8. Moun _____ toutan.  h. pran

9. Gen moun ki _____ fanmi yo pou yo ka jwe bòlèt.  i. ale

10. Anpil moun nan peyi Dayiti renmen _____ bòlèt.  j. jwenn

# Chwa Miltip - Leson 6 - Jwèt Bòlèt - Vèb

Non: _____ Klas: _____ Dat: _____

**Chak fraz gen yon mo ki manke. Ansèkle mo ki manke a.**

1. Yo _____ tout non.
A. genyen
B. se
C. jwenn
D. pate

2. Enben, se sa ki fè nan chak kwen kapital la, e nan anpil pwovens, ou _____ yon bank bòlèt .
A. meprize
B. jwe
C. jwenn
D. renmen

3. Anpil moun nan peyi Dayiti renmen _____ bòlèt .
A. reve
B. pate
C. pran
D. jwe

4. Pafwa _____ yon gwo traka.
A. se
B. genyen
C. jwenn
D. renmen

5. Gen moun ki _____ fanmi yo pou yo ka jwe bòlèt .
A. pote
B. genyen
C. renmen
D. meprize

6. Bon rèv kou move rèv, tout pote moun ale _____ yon ti nimewo.
A. ale
B. se
C. pran
D. genyen

7. Yo ta ____ rich, yo ta renmen gen kòb vit.
A. renmen
B. se
C. genyen
D. pote

8. Raman yo _____.
A. genyen
B. ale
C. se
D. meprize

9. Moun _____ toutan.
A. genyen
B. jwenn
C. reve
D. jwe

10. Bon rèv kou move rèv, tout pote moun _____ pran yon ti nimewo.
A. pote
B. pran
C. ale
D. reve

**Ranpli espas vid la - Leson 6 - Jwèt Bòlèt - Vèb**

Non: _____ Klas: _____ Dat: _____

**Ekri mo ki koresponn nan espas vid ki nan fraz sa yo.**

1. Bon rèv kou move rèv, tout pote moun ale _____ yon ti nimewo.

2. Yo _____ tout non.

3. Moun _____ toutan.

4. Enben, se sa ki fè nan chak kwen kapital la, e nan anpil pwovens, ou _____ yon bank bòlèt.

5. Yo ta _____ rich, yo ta renmen gen kòb vit.

6. Pafwa _____ yon gwo traka.

7. Bon rèv kou move rèv, tout pote moun _____ pran yon ti nimewo.

8. Raman yo _____.

9. Anpil moun nan peyi Dayiti renmen _____ bòlèt.

10. Gen moun ki _____ fanmi yo pou yo ka jwe bòlèt.

**Chwazi repons ou yo pami mo sa yo:**

| Se | jwenn | renmen | pote | meprize | genyen |
|---|---|---|---|---|---|
| Pran | rave | ale | jwe | jwenn | |

| | | | | | | | | | | | | | |
|---|---|---|---|---|---|---|---|---|---|---|---|---|---|

**Ranpli espas vid la - Leson 6 - Jwèt Bòlèt - Vèb**

Non: _____  Klas: _____  Dat: _____

**Eseye jwenn mo ki kache yo.**

```
P  J  K  X  G  W  A  Z  O  Y  Z  A  W  D  H  U
B  O  M  P  D  L  S  G  D  M  P  F  B  Z  U  O
J  I  T  A  C  N  L  U  C  Z  B  W  Z  X  Z  R
X  R  M  E  P  R  I  Z  E  T  J  D  Q  F  M  B
S  S  U  O  R  P  X  W  Z  H  V  W  P  S  P  J
S  Q  B  X  U  G  Y  J  F  N  T  U  T  F  J  R
I  P  S  E  Q  Y  P  E  M  D  D  I  P  W  Z  S
H  W  A  R  U  W  K  L  T  O  A  M  W  Y  P  E
V  P  K  E  F  B  R  P  H  S  X  L  Y  C  P  J
F  T  O  N  T  I  J  I  G  A  M  X  E  L  X  I
A  S  R  M  O  J  W  E  N  N  W  Z  K  U  K  Q
W  Q  G  E  N  Y  E  N  B  M  Z  V  X  R  H  G
M  B  P  N  V  G  T  F  Y  D  I  L  M  X  L  O
F  O  R  G  V  E  P  N  T  Q  H  S  H  R  P  O
O  L  A  W  W  R  C  S  Q  M  K  F  K  L  M  O
D  U  N  T  G  H  G  T  O  V  B  A  R  W  P  U
```

**Chwazi pami mo sa yo:**

| | | | | |
|---|---|---|---|---|
| Se | jwenn | renmen | pote | meprize | genyen |
| Pran | reve | ale | jwe | jwenn | |

# Lòd alfabetik -Leson 6 - Jwet Bòlèt-Vokabilè

Non: _____ Klas: _____ Dat: _____

**Ranpli sèk ki tou pre mo ki vini anpremye dapre lòd alfabetik epi ekri mo a.**

1. O bòlèt
   O rich
   O kapital

2. O Raman
   O kapital
   O traka

3. O rèv
   O fanmi
   O bank

4. O rich
   O bank
   O pwovens

5. O rèv
   O kapital
   O Raman

6. O toutan
   O rèv
   O pwovens

7. O bank
   O non
   O pwovens

8. O toutan
   O non
   O Raman

9. O kapital
   O nimewo
   O bank

10. O Raman
    O rich
    O kapital

11. O rèv
    O traka
    O fanmi

12. O bòlèt
    O toutan
    O bank

# Fè Koresponn - Leson 6 - Jwèt Bòlèt - Vokabilè

Non: _____ Klas: _____ Dat: _____

**Nan chak espas ki nan fraz yo, mete lèt ki tou pre mo ki ka konplete fraz la pi byen.**

1. Pafwa se yon gwo _____.     a. rèv

2. Anpil moun nan peyi D Ayiti renmen jwe _____.     b. Kapital

3. Enben, se sa ki fè nan chak kwen _____ la, e nan anpil pwovens, ou jwenn yon bank bòlèt.     c. rich

4. Gen moun ki meprize _____ yo pou yo ka jwe bòlèt.     d. bòlèt

5. Yo pote tout _____.     e. pwovens

6. Enben, se sa ki fè nan chak kwen kapital la, e nan anpil _____, ou jwenn yon bank bòlèt.     f. nimewo

7. Moun reve _____.     g. fanmi

8. Enben, se sa ki fè nan chak kwen kapital la, e nan anpil pwovens, ou jwenn yon _____ bòlèt.     h. bank

9. Bon _____ kou move rèv, tout pote moun ale pran yon ti nimewo.     i. Traka

10. Yo ta renmen _____, yo ta renmen gen kòb vit.     j. non

11. _____ yo genyen.     k. Raman

12. Bon rèv kou move rèv, tout pote moun ale pran yon ti _____.     l. toutan

**Chwa Miltip - Leson 6 - Jwèt Bòlèt- Vokabilè**

Non: _____ Klas: _____ Dat: _____

**Chak fraz gen yon mo ki manke. Ansèkle mo ki manke a.**

1. Enben, se sa ki fè nan chak kwen kapital la, e nan anpil pwovens, ou jwenn yon _____ bòlèt.
A. Raman
B. bank
C. traka
D. rich

2. Enben, se sa ki fè nan chak kwen _____ la, e nan anpil pwovens, ou jwenn yon bank bòlèt.
A. rèv
B. pwovens
C. kapital
D. non

3. Yo ta renmen _____, yo ta renmen gen kòb vit.
A. rèv
B. rich
C. pwovens
D. bank

4. Enben, se sa ki fè nan chak kwen kapital la, e nan anpil _____, ou jwenn yon bank bòlèt.
A. fanmi
B. pwovens
C. bank
D. traka

5. Pafwa se yon gwo _____
A. kapital
B. traka
C. fanmi
D. nimewo

6. Anpil moun nan peyi Dayiti renmen jwe _____.
A. bòlèt
B. nimewo
C. rich
D. traka

7. Bon rèv move rèv, tout pote moun ale yon ti _____.
A. fanmi
B. rèv
C. nimewo
D. non

8. Moun reve _____.
A. pwovens
B. traka
C. non
D. toutan

9. Bon _____ kou move rèv, tout pote moun ale pran yon ti nimewo.
A. Raman
B. toutan
C. rèv
D. non

10. Gen moun ki meprize _____ yo pou yo ka jwe bòlèt.
A. fanmi
B. pwovens
C. rich
D. Raman

11. _____ yo genyen.
A. bòlèt
B. traka
C. fanmi
D. bank

12. Yo pote tout _____.
A. fanmi
B. toutan
C. nimewo
D. non

**Ranpli espas vid la - Leson 6 - Jwèt Bòlèt - Vokabilè**

Non: _____ Klas: _____ Dat: _____

**Ekri mo ki koresponn nan espas vid ki nan fraz sa yo.**

1. Moun reve _____.

2. Bon rèv kou move rèv, tout pote moun ale pran yon ti _____.

3. Enben, se sa ki fè nan chak kwen kapital la, e nan anpil pwovens, ou jwenn yon _____ bòlèt.

4. Anpil moun nan peyi Dayiti renmen jwe _____

5. _____ yo genyen.

6. Pafwa se yon gwo _____.

7. Gen moun ki meprize _____ yo pou yo ka jwe bòlèt.

8. Bon _____ kou move rèv, tout pate moun ale pran yon ti nimewo.

9. Yo pate tout _____.

10. Enben, se sa ki fè nan chak kwen kapital la, e nan anpil _____, ou jwenn yon bank bòlèt.

11. Yo ta renmen _____, yo ta renmen gen kòb vit.

12. Enben, se sa ki fè nan chak kwen _____ la, e nan anpil pwovens, ou jwenn yon bank bòlèt.

**Chwazi repons ou yo pami mo sa yo:**

| | | | | | |
|---|---|---|---|---|---|
| Rich | fanmi | toutan | traka | bòlèt | non |
| Raman | rèv | kapital | pwovens | bank | nimewo |

| Rechèch Mo - Leson 6 - Jwèt Bòlèt- Vokabilè |
|---|
| Non: _____ Klas: _____ Dat: _____ |

**Eseye jwenn mo ki kache yo.**

```
F J M K M I H O G N U R G T O E N
J P O M A V J S L J U V K U D N K
G D A D K P I E H B L P J P D I R
D W M P U R I C H S C J E Z S E O
R S N U L O K T R D R O H Y C K V
C V H H F R B Z A P I L Y C P H H
H N I M E W O H L L W A Y F O W B
X I S N B P L J Q I B O T Q T B O
G B S X A Q E R K P G P V F S H Z
P O A S N M T D A U Z B A E M V J
W F M V K C H A V M P E C T N H C
N O N W M L D T E Q A W Z O U S X
Z S V A I A V R E V X N O U U N I
H S E O F A O A F A N M I T M B E
Y I N O Y B R K I W C W A A E A X
Q U F Q V G E A R L L G H N P Q H
A E S B S V X Y W W Z N C F I C A
```

## Chwazi pami mo sa yo:

| Fanmi | pwovens | non | rev | nimewo | Raman |
| bank | rich | | traka | toutan | bolèt | kapital |

# Aktivite Leson 7

**Lòd alfabetik - Leson 7 - Tounen Nan Travay - Vèb**

Non: _____ Klas: _____ Dat: _____

**Ranpli sèk ki tou pre mo ki vini anpremye dapre lòd alfabetik epi ekri mo a.**

1. O fèk soti
   O fini
   O rekòmanse

2. O tounen
   O fèk soti
   O kite

3. O gen
   O tounen
   O rewè

4. O fini
   O kite
   O gen

5. O rewè
   O fèk soti
   O gen

6. O kite
   O rewè
   O rekomanse

7. O kite
   O gen
   O rekòmanse

# Fè Koresponn - Leson 7 - Tounen Nan Travay - Vèb

Non: _____ Klas: _____ Dat: _____

**Nan chak espas ki nan fraz yo, mete lèt ki tou pre mo ki ka konplete fraz la pi byen.**

1. Vakans fèk_____.  a. Tounen

2. Nou _____ plis fòs e plis dispozisyon.  b. Kite

3. Enben, nou ap toujou _____ batan pòt nou yo tou louvri pou tout kominote a.  c. gen

4. Mwen menm ak madanm mwen _____ byen fre.  d. Rewè

5. Nou kontan _____ tout kliyan nou yo nou pa wè kèk jou.  e. Rekòmanse

6. Yo tout deside _____ achte nan magazen an.  f. fèk soti

7. Nou _____ pran yon mwa repo.  g. fini

# Chwa Miltip - Leson 7 - Tounen Nan Travay - Vèb

Non: _____ Klas: _____ Dat: _____

**Chak fraz gen yon mo ki manke. Ansèkle mo ki manke a.**

1. Nou _____ pran yon mwa repo.
A. tounen
B. fini
C. fèk soti
D. rewè

2. Yo tout deside _____ achte nan magazen an.
A. fini
B. rekòmanse
C. kite
D. tounen

3. Nou kontan _____ tout kliyan nou yo nou pa wè kèk jou.
A. fèk soti
B. rewè
C. kite
D. fini

4. Mwen menm ak madanm mwen _____ byen fre.
A. kite
B. tounen
C. fini
D. rewè

5. Vakans fèk _____.
A. fini
B. rewè
C. gen
D. tounen

6. Enben, nou ap toujou _____ batan pòt nou yo tau louvri pou tout kominote a.
A. gen
B. fini
C. rewè
D. kite

7. Nou _____ plis fòs e plis dispozisyon.
A. gen
B. rewè
C. tounen
D. rekòmanse

**Ranpli espas vid la - Leson 7 - Tounen Nan Travay - Vèb**

Non: _____ Klas: _____ Dat: _____

**Ekri mo ki koresponn nan espas vid ki nan fraz sa yo.**

1. Nou _____ pran yon mwa repo.

2. Yo tout deside _____ achte nan magazen an.

3. Vakans fèk _____.

4. Nou kontan _____ tout kliyan nou yo nou pa wè kèk jou.

5. Mwen menm ak madanm mwen _____ byen fre.

6. Enben, nou ap toujou _____ batan pòt nou yo tou louvri pou tout kominote a.

7. Nou _____ plis fòs e plis dispozisyon.

**Chwazi repons ou yo pami mo sa yo:**
rewè        tounen        fini        fèk soti        rekòmanse    Gen    kite

# Rechèch Mo - Leson 7 - Tounen Nan Travay - Vèb

Non: _____ Klas: _____ Dat: _____

**Eseye jwenn mo ki kache yo.**

```
M E J A P Q Q R L J O X I D K L S A
R E K O M A N S E P R B G F Z G E Z
W R E H I Y Q Q U H O Q I D G O C R
T Z U E R Y Y H C S B N G V P A M J
W C Z N M F P F J Y N P G R O H P L
W E T J Z C J R F E K S O T I L L A
M C O F V C M E M Q I A O Y X I R F
S J U H I E N W T G T H K K I W F R
J S N Q E N V E C G E L V X E K M Z
A I E A B U I X D T G N B E Y Y J I
C F N Z X C N K C D S T G A O U L M
L U U E C Q W L T G T E O S J F U E
K R U R O A F P S A D Q M L X G K N
I X K S L M E Q K B H D S O A Q D E
B N Y X D O E G Q X V D J B F K P C
X W U F R M Q D C H I B I K Y K C J
U P J H L O Y K W C K Y S D J Q F F
D Z Z I W T M Q Q K C N Z L B O K D
```

**Chwazi pami mo sa yo:**

Rewe    tounen    kite    fini    rekòmanse    fèk soti    gen

# Lòd alfabetik - Leson 7 - Tounen Nan Travay - Vokabilè

Non: _____ Klas: _____ Dat: _____

**Ranpli sèk ki tou pre mo ki vini anpremye dapre lòd alfabetik epi ekri mo a.**

1. O kontan
   O Vakans
   O madanm

2. O repo
   O kominote
   O magazen

3. O madanm
   O kontan
   O magazen

4. O dispozisyon
   O madanm
   O Vakans

5. O Vakans
   O madanm
   O kliyan

6. O kliyan
   O kontan
   O magazen

7. O kontan
   O repo
   O dispozisyon

8. O Vakans
   O kominote
   O kontan

# Fè Koresponn - Leson 7 - Tounen Nan Travay - Vokabilè

Non: _____ Klas: _____ Dat: _____

**Nan chak espas ki nan fraz yo, mete lèt ki tou pre mo ki ka konplete fraz la pi byen.**

1. Nou fèk soti pran yon mwa _____.  a. madanm

2. Mwen _____ sa.  b. Vakans

3. Nou gen plis fòs e plis _____.  c. kontan

4. _____ fèk fini.  d. repo

5. Enben, nou ap toujou kite batan pòt nou yo tou louvri pou tout _____ a.  e. kominote

6. Nou kontan rewè tout _____ nou yo nou pa wè kèk jou.  f. dispozisyon

7. Yo tout deside rekòmanse achte nan _____ an.  g. magazen

8. Mwen menm ak _____ mwen tounen byen fre.  h. kliyan

**Chwa Miltip - Leson 7 - Tounen Nan Travay - Vokabilè**

Non: _____ Klas: _____ Dat: _____

**Chak fraz gen yon mo ki manke. Ansèkle mo ki manke a.**

1. Enben, nou ap toujou kite batan pòt nou yo tou louvri pou tout _____ a.
A. kliyan
B. dispozisyon
C. kontan
D. kominote

2. Nou gen plis fòs e plis _____.
A. magazen
B. dispozisyon
C. kliyan
D. kontan

3. Mwen _____ sa.
A. madanm
B. magazen
C. kontan
D. Vakans

4. Nou kontan rewè tout _____ nou yo nou pa wè kèk jou.
A. Vakans
B. kontan
C. magazen
D. kliyan

5. Yo tout deside rekòmanse achte nan _____ an.
A. dispozisyon
B. magazen
C. kominote
D. Vakans

6. Mwen menm ak _____ mwen tounen byen fre.
A. kliyan
B. kominote
C. madanm
D. repo

7. Nou fèk soti pran yon mwa _____.
A. dispozisyon
B. magazen
C. repo
D. kliyan

8. _____ fèk fini.
A. repo
B. kominote
C. magazen
D. Vakans

# Ranpli espas vid la - Leson 7 - Tounen Nan Travay - Vokabilè

Non: _____ Klas: _____ Dat: _____

**Ekri mo ki koresponn nan espas vid ki nan fraz sa yo.**

1. Yo tout deside rekòmanse achte nan _____ an.

2. Nou gen plis fòs e plis _____

3. Enben, nou ap toujou kite batan pòt nou yo tou louvri pou tout _____ a.

4. Nou fèk soti pran yon mwa _____.

5. Mwen menm ak _____ mwen tounen byen fre.

6. Mwen _____ sa.

7. Nou kontan rewè tout _____ nou yo nou pa wè kèk jou.

8. _____ fek fini.

## Chwazi repons ou yo pami mo sa yo:
| | | | | |
|---|---|---|---|---|
| Vakans | dispozisyon | kontan | kliyan | repo |
| Kominote | magazen | madanm | | |

**Rechèch Mo - Leson 7 - Tounen Nan Travay - Vokabilè**

Non: _____ Klas: _____ Dat: _____

**Eseye jwenn mo ki kache yo.**

```
K T L M M C H S D M J A O H H T L X U Y
O M F D P F O Y I U H C H K C J S Z S D
N L S P I X G D Z E Q S I V X A W S N D
T O V W Q S N N G Y M B L M A G A Z E N
A A C S H Y P L F P B A S K B K I M J H
N R Z Q X N J O I C Q P W G G Y A M V K
P S C V B Y L H Z I P Q F N Y W L N T F
K V C U X E Y S Y I M J E R W Q E D S B
L I D Y C J A K F R S B U C O K Z G Y V
Z V A E Z D F T O M F Y V X L K G P L Y
E P K A Q T S K E R E P O M L W Z H R E
Z Y O G W K Z Q T G H P N N F Y Z V X X
M D M N V G S P K V X Y G W R Z M F S V
P R I I U A D U L M X K Z M Z J A L R I
N D N S O L O A I A Y W E Z G G D I W M
X J O T X H A G Y D O K J U Z Q U X Z A
N W T K Z A I E A A X B I B D A R H T X
B E E F D E G T N N S H C J J Y U V M E
Z Q V A W Z N D E M Y Y X Z D T D F G L
A F R G U D K O S B J K B R P U Z L E L
```

**Chwazi pami mo sa yo:**

| | | | | |
|---|---|---|---|---|
| Kliyan | dispozisyon | Vakans | kominote | repo |
| madanm | kontan | magazen | | |

# Aktivite Leson 8
Lòd alfabetik - Leson 8 – Lanjelis - Vèb

Non: _____ Klas: _____ Dat: _____

**Ranpli sèk ki tou pre mo ki vini anpremye dapre lòd alfabetik epi ekri mo a.**

1. O se
   O fèk
   O disparèt

2. O kòmanse
   O se
   O tounen

3. O kache
   O tounen
   O fèk

4. O fèk
   O kòmanse
   O mache

5. O mache
   O disparèt
   O kache

6. O tounen
   O kache
   O efase

7. O se
   O kache
   O mache

8. O tounen
   O boure
   O fèk

10. O kache
    O fèk
    O se

# Fè Koresponn - Leson 8 – Lanjelis - Vèb

Non: _____ Klas: _____ Dat: _____

**Nan chak espas ki nan fraz yo, mete lèt ki tou pre mo ki ka konplete fraz la pi byen.**

1. Pita ankò _____ lanwit.                                              a. tounen

2. A yon ti distans de mwen, mwen we kek moun ki ap _____ lakay.          b. disparèt

3. Jounen _____ an fèmen popyè li yo.                                   c. fèk

4. Petèt nou va wè moun si lalin nan pa _____ anba nyaj.                  d. mache

5. Li _____ setè.                                                       e. kache

6. Yo pa _____ twò vit; paske jounen travay la fin pran tout fòs yo.      f. se

7. Yon lòt ti moman yo _____ nèt nan fènwa a.                             g. kòmanse

8. Firanmezi yo ap mache, yo ap _____ nan labrim diswa.                   h. efase

9. Syèl la pral _____ ak zetwal.                                        i. boure

# Chwa Miltip - Leson 8 – Lanjelis - Vèb

Non: _____ Klas: _____ Dat: _____

**Chak fraz gen yon mo ki manke. Ansèkle mo ki manke a.**

1. Yon lòt ti moman yo _____ nèt nan fènwa a.
A. disparèt
B. boure
C. efase
D. mache

2. Li _____ setè.
A. kache
B. fèk
C. kòmanse
D. tounen

3. Jounen an _____ femen popyè li yo.
A. mache
B. kòmanse
C. boure
D. fèk

4. A yon ti distans de mwen, mwen wè kèk moun ki ap _____ lakay.
A. boure
B. mache
C. tounen
D. se

5. Petèt nou va wè moun si lalin nan pa _____ anba nyaj.
A. kache
B. mache
C. efase
D. se

6. Yo pa _____ twò vit; paske jounen travay la fin pran tout fòs yo.
A. efase
B. mache
C. se
D. fèk

7. Syèl la pral _____ ak zetwal.
A. kòmanse
B. boure
C. efase
D. se

8. Firanmezi yo ap mache, yo ap _____ nan labrim diswa.
A. disparèt
B. mache
C. kòmanse
D. kache

9. Pita ankò _____ lanwit.
A. disparèt
B. se
C. boure
D. fèk

**Ranpli espas vid la - Leson 8 – Lanjelis - Vèb**

Non: _____ Klas: _____ Dat: _____

**Ekri mo ki koresponn nan espas vid ki nan fraz sa yo.**

1. Syèl la pral _____ak zetwal.

2. Pita ankò _____ lanwit.

3. A yon ti distans de mwen, mwen wè kèk moun ki ap _____lakay.

4. Li _____setè.

5. Firanmezi yo ap mache, yo ap _____ nan labrim diswa.

6. Petèt nou va wè moun si lalin nan pa _____ anba nyaj.

7. Yon lòt ti moman yo _____ nèt nan fènwa a.

8. Jounen an _____ fèmen popyè li yo.

9. Yo pa _____ twò vit; paske jounen travay la fin pran tout fòs yo.

**Chwazi repons ou yo pami mo sa yo:**

| | | | | | |
|---|---|---|---|---|---|
| Se | fèk | boure | efase | tounen | disparèt |
| Mache | kòmanse | kache | | | |

# Rechèch Mo - Leson 8 – Lanjelis - Vèb

Non: _____ Klas: _____ Dat: _____

**Eseye jwenn mo ki kache yo.**

```
D X K O M A N S E N Z E M R E C
B G H D M S Y P M P Z A Z I U D
G J O X A V W P T S T C R J N L
L P Y X U W I T G K E O D M M P
X T G X X A W K X R J P U W D C
X M Q B O U R E D B M M O N X J
V Y E Z H Y Z F Z D D Z J S E T
S L Z E N I D K K I C K G O H N
U A S V C G U T U S E F A S E E
D G D M K E Q L L P R H A O Z T
M L C G A E J Z U A S U V Z C M
K P T F C C S B L R S E G Y L U
F E K W H N H N T E C K B C L V
V M W P E Z V E E T X U Y W L P
R G E W K M L L P F A P Z N R Q
A I X X V R J D I J P U H O C A
```

**Chwazi pami mo sa yo:**

| | | | | | |
|---|---|---|---|---|---|
| kache | mache | efase | se | kòmanse | boure |
| tounen | disparèt | fèk | | | |

### Lòd alfabetik - Leson 8 – Lanjelis - Vokabilè

Non: _____ Klas: _____ Dat: _____

**Ranpli sèk ki tou pre mo ki vini anpremye dapre lòd alfabetik epi ekri mo a.**

1. O lakay
   O jounen
   O setè

2. O popyè
   O labrim
   O Firanmezi

3. O labrim
   O lakay
   O jounen

4. O lakay
   O jounen
   O popyè

5. O popyè
   O Firanmezi
   O jounen

6. O lakay
   O Firanmezi
   O labrim

# Fè Koresponn - Leson 8 – Lanjelis - Vokabilè

Non: _____ Klas: _____ Dat: _____

**Nan chak espas ki nan fraz yo, mete lèt ki tou pre mo ki ka konplete fraz la pi byen.**

1. A yon ti distans de mwen, mwen wè kèk moun ki ap tounen_____.   a. lakay

2. Yo pa mache twò vit; paske _____ travay la fin pran tout fòs yo.   b. Firanmezi

3. Firanmezi yo ap mache, yo ap disparèt nan _____ diswa.   c. setè

4. Li fèk _____.   d. labrim

5. _____ yo ap mache, yo ap disparèt nan labrim diswa.   e. popyè

6. Jounen an kòmanse fèmen _____ li yo.   f. jounen

**Chwa Miltip - Leson 8 – Lanjelis - Vokabilè**

Non: _____ Klas: _____ Dat: _____

**Chak fraz gen yon mo ki manke. Ansèkle mo ki manke a.**

1. Firanmezi yo ap mache, yo ap disparèt nan _____ diswa.
A. labrim
B. lakay
C. jounen
D. Firanmezi

2. Li fèk _____.
A. labrim
B. popyè
C. sete
D. Firanmezi

3. A yon ti distans de mwen, mwen wè kèk moun ki ap tounen _____.
A. jounen
B. lakay
C. labrim
D. setè

4. Yo pa mache twò vit; paske _____ travay la fin pran tout fòs yo.
A. Firanmezi
B. lakay
C. popyè
D. jounen

5. Jounen an kòmanse fèmen _____ li yo.
A. jounen
B. setè
C. lakay
D. popyè

6. _____ yo ap mache, yo ap disparèt nan labrim diswa.
A. Firanmezi
B. popyè
C. labrim
D. lakay

**Ranpli espas vid la - Leson 8 – Lanjelis - Vokabilè**

Non: _____  Klas: _____  Dat: _____

**Ekri mo ki koresponn nan espas vid ki nan fraz sa yo.**

1. _____ yo ap mache, yo ap disparèt nan labrim diswa.

2. Li fèk _____ .

3. Firanmezi yo ap mache, yo ap disparèt nan _____ diswa.

4. Yo pa mache twò vit; paske _____ travay la fin pran tout fòs yo.

5. A yon ti distans de mwen, mwen wè kèk moun ki ap tounen _____ .

6. Jounen an kòmanse fèmen _____ li yo.

**Chwazi repons ou yo pami mo sa yo:**
labrim    lakay    sete    Firanmezi    jounen    popyè

**Rechèch Mo - Leson 8 – Lanjelis - Vokabilè**

Non: _____  Klas: _____  Dat: _____

**Eseye jwenn mo ki kache yo.**

```
T  J  L  C  T  C  M  E  J  B  U  S  V  M  P  A
C  M  A  M  C  F  V  F  P  M  D  H  F  Z  Y  M
S  G  K  A  K  M  E  C  K  B  B  Z  I  P  N  J
X  K  A  E  P  E  U  W  N  W  Q  N  R  U  S  W
T  S  Y  N  G  P  B  F  Y  W  R  Q  A  S  B  G
P  B  S  E  P  D  I  M  C  A  E  T  N  L  M  W
O  F  H  O  F  Q  Q  L  A  B  R  I  M  Q  J  Y
P  C  I  U  H  T  B  I  K  S  E  T  E  B  K  T
Y  X  V  B  Y  C  G  A  S  V  P  U  Z  C  H  T
E  Q  A  K  P  A  D  J  O  A  H  J  I  I  W  Q
K  Z  Y  P  V  B  E  O  E  O  H  C  R  U  B  E
G  F  S  U  U  Z  D  U  X  T  U  L  K  Z  B  J
Q  V  J  M  H  H  U  N  E  S  F  I  W  I  X  V
R  S  S  S  M  Y  R  E  R  D  V  L  R  S  C  O
T  P  I  Z  T  T  Y  N  E  D  H  Y  G  Y  B  P
I  S  O  J  R  O  I  T  Q  E  K  A  Z  E  K  R
```

<u>**Chwazi pami mo sa yo:**</u>

Firanmezi          lakay          labrim          sete          popyè          jounen

# Aktivite Leson 9

**Lòd alfabetik - Leson 9 - Yon Pye Kenèp Mal - Vèb**

Non: _____ Klas: _____ Dat: _____

**Ranpli sèk ki tou pre mo ki vini anpremye dapre lòd alfabetik epi ekri mo a.**

1. O resevwa
   O joure
   O gen

2. O soufle
   O Se
   O rive

3. O joure
   O fè
   O resevwa

4. O rive
   O soufle
   O fè

5. O resevwa
   O rive
   O fè

6. O resevwa
   O kage
   O fè

7. O soufle
   O gen
   O rive

8. O kage
   O soufle
   O renmen

9. O joure
   O rive
   O soufle

# Fè Koresponn - Leson 9 - Yon Pye Kenèp Mal - Vèb

Non: _____ Klas: _____ Dat: _____

**Nan chak espas ki nan fraz yo, mete lèt ki tou pre mo ki ka konplete fraz la pi byen.**

1. _____ yon kenèp mal.     a. Se

2. Lè labriz diswa ap_____ nan mitan fèy li yo, gen yon bèl mizik ki rive nan zòrèy nou.     b. kage

3. Yon ti kay ki tou pre li _____bon jan frechè ak lonbraj.     c. soufle

4. Tanzantan yon moun nan kay la _____ chèz li anba pye kenèp la.     d. gen

5. Se tout lajounen moun ap _____ pyebwa a.     e. rive

6. Lè labriz diswa ap soufle nan mitan fèy li yo, gen yon bèl mizik ki _____nan zòrèy nou.     f. resevwa

7. Li pajanm _____ mal.     g. renmen

8. Nou pa _____sa?     h. joure

9. Bò lakay mwen, _____yon pye kenèp.     i. fè

# Chwa Miltip - Leson 9 - Yon Pye Kenèp Mal - Vèb

Non: _____ Klas: _____ Dat: _____

**Chak fraz gen yon mo ki manke. Ansèkle mo ki manke a.**

1. Yon ti kay ki tou pre li _____ bon jan frechè ak lonbraj.
A. resevwa
B. joure
C. renmen
D. kage

2. Se tout lajounen moun ap _____ pyebwa a.
A. joure
B. renmen
C. kage
D. fè

3. Bò lakay mwen, _____ yon pye kenèp.
A. gen
B. Se
C. rive
D. renmen

4. Tanzantan yon moun nan kay la _____ chèz li anba pye kenèp la.
A. rive
B. Se
C. kage
D. joure

5. Lè labriz diswa ap _____ nan mitan fèy li yo, gen yon bèl mizik ki rive nan zòrèy nou.
A. renmen
B. gen
C. soufle
D. kage

6. _____ yon kenèp mal.

A. soufle
B. rive
C. gen
D. Se

7. Li pajanm _____ mal
A. Se
B. resevwa
C. fè
D. joure

8. Lè labriz diswa ap soufle nan mitan fèy li yo, gen yon bèl mizik ki _____ nan zòrèy nou.
A. rive
B. gen
C. soufle
D. kage

9. Nou pa _____ sa? .
A. renmen
B. joure
C. soufle
D. gen

84

**Ranpli espas vid la - Leson 9 - Yon Pye Kenèp Mal - Vèb**

Non: _____ Klas: _____ Dat: _____

**Ekri mo ki koresponn nan espas vid ki nan fraz sa yo.**

1. _____ yon kenèp mal.

2. Tanzantan yon moun nan kay la _____ chèz li anba pye kenèp la.

3. Nou pa _____ sa?

4. Se tout lajounen moun ap _____ pyebwa a.

5. Lè labriz diswa ap soufle nan mitan fèy li yo, gen yon bèl mizik ki _____ nan zòrèy nou.

6. Li pajanm _____ mal.

7. Yon ti kay ki tou pre li _____ bon jan frechè ak lonbraj.

8. Bò lakay mwen, _____ yon pye kenèp.

9. Lè labriz diswa ap _____ nan mitan fèy li yo, gen yon bèl mizik ki rive nan zòrèy nou.

**Chwazi repons ou yo pami mo sa yo:**

| | | | | |
|---|---|---|---|---|
| Resevwa | kage | fè | Se | soufle |
| rive | gen | soufle | | |

**Rechèch Mo - Leson 9 - Yon Pye Kenèp Mal - Vèb**

Non: _____ Klas: _____ Dat: _____

**Eseye jwenn mo ki kach**

```
S J J R Y G Y Y U T R R E S D H L C
U J I Z I B K N X D S L B S K Z M M
T Y A H R V A I N W N J C Y P A F C
Y S E L H G E I W X J G O B D F G A
C Z D N V X L Z P H K T Z U V H E E
H F R S B Y A C B Q K B J I R T L W
X R E E D P F D S S C Z S G Y E A D
A T Y E S K O E Y R E N M E N O B R
S O U F L E Z F W A M K J B W Q Q S
E M H C I E V X D R O K K W U X S C
U H Q R N D H W J G P A G J M P S E
X Z R O V O L I A Y G X K K Z Z V Q
R Q R V Q S L I K S E T L N Q B S L
X B P V R R I D B Y N D C V J Q M S
Y E P K P P J S A Y Y I U E Z F I O
A E I G N F L C S L J O C R M E S B
N S S E S I P M R W L V W I H Y O A
L V D H D M B B B Y O P A Y V M O I
```

**Chwazi pami mo sa yo:**

gen   renmen   fè   kage   rive   Se
soufle   resevwa   joure

86

**Lòd alfabetik - Leson 9 - Yon Pye Kenèp Mal - Vokabilè**

Non: _____ Klas: _____ Dat: _____

**Ranpli sèk ki tou pre mo ki vini anpremye dapre lòd alfabetik epi ekri mo a.**

1. O lakay
   O lajounen
   O pajanm

2. O sa
   O lonbraj
   O kenèp

3. O lajounen
   O poukisa
   O frechè

4. O poukisa
   O zòrèy
   O kenèp

5. O pajanm
   O frechè
   O labriz diswa

6. O sa
   O lakay
   O frechè

7. O Tanzantan
   O labriz diswa
   O lonbraj

8. O sa
   O kenèp
   O Tanzantan

9. O Tanzantan
   O labriz diswa
   O poukisa

10. O Tanzantan
    O frechè
    O sa

11. O zòrèy
    O lonbraj
    O Tanzantan

87

## Fè Koresponn - Leson 9 - Yon Pye Kenèp Mal - Vokabilè

Non: _____  Klas: _____  Dat: _____

**Nan chak espas ki nan fraz yo, mete lèt ki tou pre mo ki ka konplete fraz la pi byen.**

1. Yon ti kay ki tou pre li resevwa bon jan _____ ak lonbraj.  a. labriz diswa

2. Yon ti kay ki tou pre li resevwa ban jan frechè ak _____.  b. lakay

3. Se yon _____ mal.  c. poukisa

4. Se tout _____ moun ap joure pyebwa a.  d. Tanzantan

5. Lè _____ ap soufle nan mitan fey li yo, gen yon bèl mizik ki rive nan zòrèy nou.  e. lonbraj

6. _____ yon moun nan kay la kage chèz li anba pye kenèp la.  f. Pajanm

7. Lè labriz diswa ap soufle nan mitan fèy li yo, gen yon bèl mizik ki rive nan _____ nou.  g. lajounen

8. Nou pa renmen _____ ?  h. frechè

9. Bò _____ mwen, gen yon pye kenèp.  i. kenèp

10. Li _____ fè mal.  J. zòrèy

11. Men _____ moun ap joure li?  k. sa

**Chwa Miltip - Leson 9 - Yon Pye Kenèp Mal - Vokabilè**

Non: _____ Klas: _____ Dat: _____

**Chak fraz gen yon mo ki manke. Ansèkle mo ki manke a.**

1. Se yon _____ mal.
A. kenèp
B. labriz diswa
C. sa
D. lakay

2. Li _____ fè mal.
A. pajanm
B. kenèp
C. lajounen
D. sa

3. Bò _____ mwen, gen yon pye kenèp.
A. lakay
B. sa
C. poukisa
D. labriz diswa

4. Lè _____ ap soufle nan mitan fey li yo, gen yon bèl mizik ki rive nan zòrèy nou.
A. pajanm
B. sa
C. labriz diswa
D. Tanzantan

5. Lè labriz diswa ap soufle nan mitan fèy li yo, gen yon bèl mizik ki rive nan _____ nou.
A. lonbraj
B. sa
C. lajounen
D. zòrèy

6. Yon ti kay ki tou pre li resevwa bon jan frechè ak _____.
A. poukisa
B. zòrèy
C. pajanm
D. lonbraj

7. Yon ti kay ki tou pre li resevwa bon jan _____ ak lonbraj.
A. frechè
B. Tanzantan
C. sa
D. lajounen

8. Nou pa renmen _____?
A. poukisa
B. frechè
C. sa
D. lakay

9. Se tout _____ moun ap joure pyebwa a.
A. poukisa
B. frechè
C. lajounen
D. pajanm

10. _____ yon moun nan kay la kage chèz li anba pye kenèp la.
A. lakay
B. pajanm
C. Se
D. Tanzantan

11. Men _____ moun ap joure li ?
A. lajounen
B. Se
C. lonbraj
D. poukisa

**Ranpli espas vid la - Leson 9 - Yon Pye Kenèp Mal - Vokabilè**

Non: _____ Klas: _____ Dat: _____

**Ekri mo ki koresponn nan espas vid ki nan fraz sa yo.**

1. Lè _____ ap soufle nan mitan fèy li yo, gen yon bèl mizik ki rive nan zòrèy nou.

2. Li _____ fè mal.

3. Bò _____ mwen, gen yon pye kenèp.

4. Yon ti kay ki tou pre li resevwa ban jan frechè ak _____.

5. Men _____ moun ap joure li?

6. Lè labriz diswa ap soufle nan mitan fèy li yo, gen yon bèl mizik ki rive nan _____ nou.

7. _____ yon moun nan kay la kage chèz li anba pye la.

8. Yon ti kay ki tou pre li resevwa bon jan _____ ak lonbraj.

9. Se tout _____ moun ap joure pyebwa a.

10. Nou pa renmen _____?

11. Se yon _____ mal.

**Chwazi repons ou yo pami mo sa yo:**

| | | | | |
|---|---|---|---|---|
| Lajounen | Tanzantan | labriz diswa | zòrèy | lakay |
| Se | lonbraj | kenèp | poukisa | frechè |
| pajanm | | | | |

# Rechèch Mo - Leson 9 - Yon Pye Kenèp Mal - Vokabilè

Non: _____ Klas: _____ Dat: _____

**Eseye jwenn mo ki kache yo.**

```
Z Y L A Q N S X X T T R S H L A K A Y S
A J O N E Q L P K D Q C S H V Z H B V I
Z J N F B L F A I S Q L W J A A H H M U
M O B C O C Q J J G U Y S Z P N Y J P G
O T R G X R Z A R O B C J I L U P I K D
Q G A E P V W N L S U A Y O E B F J B V
C D J P Y I I M B T F N I U J E X Y U G
K G I P O U K I S A R J E B H C B G R Q
M Q V M T C S K E N E P Y N H X I N L U
Q W K H N B R T G Z C V Q V R P U B P I
B U A Y F R F W E A H I C L U N B R S U
F W E M B Q E H X N E O U Z X S W E J X
O F E C B T D V S T V T R D X K A N Y J
I B J Q J X I U L A B R I Z D I S W A H
W X U P T U C M S N F Z U D O C C Z H N
T L P S T E F J F Q I B R T B V U K P U
G B P F W G G C C M Y F J N M C B U J B
K J G O Y V F Y W G J L D K L D Y G F S
Y H Q H T T T W T Z V H S D R M A L W M
G W P R N W U F W Q M Z M S M I G B K M
```

**<u>Chwazi pami mo sa yo:</u>**

| | | | | |
|---|---|---|---|---|
| poukisa | sa | lajounen | labriz | diswa |
| lonbraj | frechè | kenèp | tanzantan | zòrèy |
| pajanm | lakay | | | |

# Aktivite Leson 10

**Lòd alfabetik - Leson 10 - Aparans E Karaktè Moun - Vèb ak ekspresyon**

Non: _____ Klas: _____ Dat: _____

**Ranpli sèk ki tou pre mo ki vini anpremye dapre lòd alfabetik epi ekri mo a.**

1. O kenbe
   O pale klè
   O gen

2. O gen moun anraje
   O Gen moun
   O di

3. O deraye
   O di
   O gen moun tèt drèt

4. O di
   O gen moun anraje
   O Gen moun

5. O Gen moun
   O pale
   O kenbe

6. O pale klè
   O gen
   O gen moun tèt drèt

7. O deraye
   O gen moun anraje
   O kenbe

8. O gen
   O Gen moun
   O di

9. O gen moun tèt drèt
   O kenbe
   O gen moun anraje

**Fè Koresponn - Leson 10 - Aparans E Karaktè Moun - Vèb ak ekspresyon**

Non: _____ Klas: _____ Dat: _____

**Nan chak espas ki nan fraz yo, mete lèt ki tou pre mo ki ka konplete fraz la pi byen.**

1. Moun fou a _____, men pifò pawòl li di depaman youn ak lòt.

   a. deraye

2. Nan tout peyi, Amerik oubyen Ewòp, Azi, Afrik oubyen Ostrali, gen moun fou, _____.

   b. gen moun anraje

3. Sou latè _____ tout kalite moun.

   c. gen moun tèt drèt

4. Men, _____ tou.

   d. di

5. Moun tèt drèt la _____ kou dlo kòk.

   e. pale klè

6. Pwovèb kreyòl la _____ : "Tout moun se moun, men tout moun pa menm".

   f. Gen moun

7. Moun anraje a, lè li deraye se _____ pou yo kenbe li.

   g. kenbe

8. Moun anraje a, lè li _____ se kenbe pou yo kenbe li.

   h. gen

9. _____ ki dousman, ki parese; konsa tou gen moun ki aktif, ki travayan.

   i. pale

| Chwa Miltip - Leson 10 - Aparans E Karaktè Moun - Vèb ak ekspresyon |
|---|
| Non: _____ Klas: _____ Dat: _____ |

**Chak fraz gen yon mo ki manke. Ansèkle mo ki manke a.**

1. Nan tout peyi, Amerik oubyen Ewòp, Azi, Afrik oubyen Ostrali, gen moun fou, _____.
A. gen moun anraje
B. di
C. gen moun tèt drèt
D. deraye

2. _____ ki dousman, ki parese; konsa tou gen moun ki aktif, ki travayan.
A. pale klè
B. Gen moun
C. kenbe
D. di

3. Moun anraje a, lè li _____ se kenbe pou yo kenbe li.
A. gen moun tèt drèt
B. deraye
C. gen
D. Gen moun

4. Moun fou a _____ , men pifò pawòl li di depaman youn ak lòt.
A. pale
B. Gen moun
C. gen moun anraje
D. di

5. Moun anraje a, lè li deraye se _____ pou yo kenbe li.
A. kenbe
B. pale klè
C. gen
D. di

6. Men, _____ tou.
A. gen moun anraje
B. pale
C. Gen moun
D. di

7. Sou latè _____ tout kalite moun.
A. di
B. Gen moun
C. deraye
D. gen

8. Pwovèb kreyòl la _____ :"Tout moun se moun, men tout moun pa menm".
A. di
B. Gen moun
C. gen moun anraje
D. gen moun tèt drèt

9. Moun tèt drèt la _____ kou dlo kòk.
A. pale
B. gen
C. pale klè
D. gen moun tèt drèt

**Ranpli espas vid la - Leson 10 - Aparans E Karaktè Moun - Vèb ak**

Non: _____ Klas: _____ Dat: _____

**Ekri mo ki koresponn nan espas vid ki nan fraz sa yo.**

1. Sou latè _____ tout kalite moun.

2. Pwovèb kreyòl la _____ : "Tout moun se moun, men tout moun pa menm".

3. Men, _____ tou.

4. Moun anraje a, lè li _____ se kenbe pou yo kenbe li.

5. _____ ki dousman, ki parese; konsa tou gen moun ki aktif, ki travayan.

6. Moun tèt drèt la _____ kou dlo kòk.

7. Moun fou a _____, men pifò pawòl li di depaman youn ak lòt.

8. Nan tout peyi, Amerik oubyen Ewòp, Azi, Afrik oubyen Ostrali, gen moun fou, _____.

9. Moun anraje a, le li deraye se _____ pou yo kenbe li.

**Chwazi repons ou yo pami mo sa yo:**

| | | | |
|---|---|---|---|
| pale klè | gen | deraye | di |
| pale | gen moun anraje | Gen moun | gen moun tèt drèt |
| kenbe | | | |

**Lòd alfabetik - Leson 10 - Aparans E Karaktè Moun - Vokabilè**

Non: _____ Klas: _____ Dat: _____

**Ranpli sèk ki tou pre mo ki vini anpremye dapre lòd alfabetik epi ekri mo a.**

1. O Pwovèb
   O latè
   O Moun

2. O dlo kòk
   O Pwovèb
   O mens

3. O latè
   O travayan
   O Moun

4. O travayan
   O Ostrali
   O latè

5. O Moun
   O anraje
   O dlo kòk

6. O depaman
   O anraje
   O Moun

7. O dlo kòk
   O mens
   O anraje

8. O Moun
   O Pwovèb
   O latè

9. O dlo kòk
   O anraje
   O Pwovèb

# Fè Koresponn - Leson 10 - Aparans E Karakte Moun - Vokabilè

Non: _____ Klas: _____ Dat: _____

**Nan chak espas ki nan fraz yo, mete lèt ki tou pre mo ki ka konplete fraz la pi byen.**

1. Gen moun ki dousman, ki parese; konsa tou gen moun ki aktif, ki _____.     a. Pwovèb

2. Gwo moun, moun _____, moun mèg, moun gra ekt. ..     b. Moun

3. Moun tèt drèt la pale klè kou _____.     c. dlo kòk

4. Moun fou a pale, men pifo pawol li di _____ youn ak lòt.     d. Ostrali

5. Nan tout peyi, Amerik oubyen Ewop, Azi, Afrik oubyen _____, gen moun fou, gen moun tèt drèt.     e. travayan

6. Men, gen moun _____ tou.     f. depaman

7. _____ kreyòl la di: "Tout moun se moun, men tout moun pa menm".     g. anraje

8. _____ anraje a, lè li deraye se kenbe pou yo kenbe li.     h. mens

9. Sou _____ gen tout kalite moun.     I. latè

# Chwa Miltip - Leson 10 - Aparans E Karaktè Moun - Vokabilè

Non: _____ Klas: _____ Dat: _____

**Chak fraz gen yon mo ki manke. Ansèkle mo ki manke a.**

1. Sou _____ gen tout kalite moun.
   A. depaman
   B. anraje
   c. latè
   D. travayan

2. Men, gen moun _____ tou.
   A. dlo kòk
   B. depaman
   C. anraje
   D. travayan

3. Gen moun ki dousman, ki parese; konsa tou gen moun ki aktif, ki _____.
   A. dlo kòk
   B. travayan
   C. Moun
   D. latè

4. Gwo moun, moun _____ , moun mèg, moun gra ekt. ..
   A. Ostrali
   B. mens
   c. dlo kòk
   D. anraje

5. Moun fou a pale, men pifo pawol li di _____ youn ak lot.
   A. late
   B. Pwovèb
   c. dle kok
   D. depaman

6. _____ anraje a, lè li deraye se kenbe pou yo kenbe li
   A. dlo kòk
   B. mens
   C. Moun
   D. Ostrali

7. Nan tout peyi, Amerik oubyen Ewop, Azi, Afrik oubyen _____, gen moun fou, gen moun tèt drèt.
   A. depaman
   B. Moun
   C. anraje
   D. Ostrali

8. Moun tèt drèt la pale klè kou _____.
   A latè
   B. dlo kòk
   C. mens
   D. Moun

9. _____ kreyòl la di: "Tout moun se moun, men tout moun pa menm".
   A travayan
   B. dlo kòk
   C. Pwovèb
   D. depaman

**Ranpli espas vid la - Leson 10 - Aparans E Karaktè Moun - Vokabilè**

Non: _____ Klas: _____ Dat: _____

**Ekri mo ki koresponn nan espas vid ki nan fraz sa yo.**

1. _____ kreyòl la di: "Tout moun se moun, men tout moun pa menm".

2. Gen moun ki dousman, ki parese; konsa tou gen moun ki aktif, ki _____.

3. Nan tout peyi, Amerik oubyen Ewòp, Azi, Afrik oubyen _____, gen moun fou, gen moun tèt drèt.

4. Moun fou a pale, men pifò pawòl li di _____ youn ak lòt.

5. Men, gen moun _____ tou.

6. Gwo moun, moun _____ , moun mèg, moun gra ekt. ..

7. Sou _____ gen tout kalite moun.

8. _____ anraje a, lè li deraye se kenbe pou yo kenbe li.

9. Moun tèt drèt la pale klè kou _____.

**Chwazi repons ou yo pami mo sa yo:**

| | | | | | |
|---|---|---|---|---|---|
| Mens | travayan | anraje | dlo kòk | depaman | latè |
| Moun | Pwovèb | Ostrali | | | |

**Rechèch Mo - Leson 10 - Aparans E Karaktè Moun - Vokabilè**

Non: _____ Klas: _____ Dat: _____

**Eseye jwenn mo ki kache yo.**

```
B J D E P A M A N O G I G J G Z C Z Y
P R O R A E M S L N J Y Q D F A S X C
K A F S D D A A E X A S W T Q F Z I O
L U B M T U E X N T J A X K E O P B P
U A B G U R E F O R F J G E N Y Z C A
V P T W L T A G P A A K B Q S T O H V
S P F E H N H L C V H J T P Z B M D W
G T D J Q Q G E I A S F E B B R O Z R
S M E N S W C B J Y Y J J P E A D R T
T U O Y P O Y J Q A N I U G I B X A M
L Y M G E M X B M N X I V M G E J A S
I Y V J M L P G U D L O K O K V S Q L
J Q H E O F G B P W W X K I U S J K S
F T P H U V U B X Y Z F R D F Z Q B S
G Z W E N Y A I K Z E Y S V A I D O I
Y Y O K A T F W L P C U X U B U V C U
O X V G M E E C W E P U Q O T H W B F
X U E Z V I U Z K M X V E C S Z C Q C
L M B R R F C C O B O E F L L D W K G
```

**Chwazi pami mo sa yo:**

| | | | | |
|---|---|---|---|---|
| anraje | Ostrali | travayan | mens | Moun |
| dlo kòk | depaman | Pwovèb | latè | |

101

# Aktivite Leson 11

Lòd alfabetik - Leson 11 - Yon Lèt Bay Manman Mwen - Vèb

Non: _____ Klas: _____ Dat: _____

**Ranpli sèk ki tou prè mo ki vini anpremye dapre lòd alfabetik.**

1. O priye
   O Petyonvil
   O renmen

2. O priye
   O ekri
   O ye

3. O Petyonvil
   O ekri
   O renmen

4. O priye
   O Pote
   O koze

5. O priye
   O fè
   O konnen

6. O rache
   O rete
   O Moun

7. O koze
   O rete
   O Pote

8. O priye
   O fè

O sonje

9. O rache
   O ban
   O priye

10. O konnen
    O ye
    O ban

11. O pote
    O priye
    O koze

12. O rete
    O renmen
    O fè

13. O Petyonvil
    O ban
    O renmen

**Fè Koresponn - Leson 11 - Yon Lèt Bay Manman Mwen - Vèb**

Non: _____ Klas: _____ Dat: _____

**Nan chak espas ki nan fraz yo, mete lèt ki tou pre mo ki ka konplete fraz la pi byen.**

1. Men manman, ou mèt sèten, kè mwen _____ tou pre kè ou.     a. fè

2. Sa fè lontan depi nou pa _____.     b. priye

3. Se chak jou nanm mwen louvri byen laj devan Bondye pou _____ pou ou.     c. rache

4. Manman cheri mwen, kijan ou _____?     d. Pote

5. Mwen menm, kè mwen ap _____.     e. sonje

6. Men mwen konnen sa _____ ou tris.     f. Petyonvil

7. Tanpri, toujou sonje mwen _____ w anpil!     g. konnen

8. Mwen _____ ou anpil.     h. renmen

9. Mwen pa _____ ni jou ni mwa, ni ane, yon sèl bagay, soulajman w pa twò lwen.     i. ye

10. Se avèk yon gwo lakontantman, mwen pran plim mwen pou mwen _____ ou.     j. koze

11. _____, 26 avril 1993     k. rete

12. _____ tout fado w yo ak bon jan kouraj.     l. Ban

13. _____ mwen nouvèl tout lòt moun yo nan Nouyòk?     m. ekri

# Chwa Miltip - Leson 11 - Yon Lèt Bay Manman Mwen – Vèb

Non: _____ Klas: _____ Dat: _____

**Chak fraz gen yon mo ki manke. Ansèkle mo ki manke a.**

1. Men mwen konnen sa _____ ou tris.
A. Ban
B. renmen
C. sonje
D. fè

2. _____ tout fado w yo ak bon jan kouraj.
A. koze
B. Petyonvil
C. renmen
D. Pote

3. Tanpri, toujou sonje mwen _____w anpil!
A. Petyonvil
B. fè
C. renmen
D. koze

4. _____ mwen nouvèl tout lòt moun yo nan Nouyòk?
A. renmen
B. konnen
C. koze
D. Ban

5. Se avèk yon gwo lakontantman, mwen pran plim mwen pou mwen _____ ou.
A. renmen
B. ekri
C. Petyonvil
D. Ban

6. Mwen menm, kè mwen ap _____.
A. koze
B. Petyonvil
C. ekri
D. rache

7. Men manman. Ou mèt sèten. Kè mwen _____ tou pre kè ou.
A. rete
B. konnen
C. priye
D. koze

8. _____ 26 avril 1993.
A. Petyonvil
B. rache
C. sonje
D. koze

9. Mwen _____ ou anpil.
A. Ban
B. rache
C. sonje
D. koze

10. Mwen pa _____ ni jou ni mwa, ni ane, yon sèl bagay, sulajman w pa twò lwen.
A. rete
B. koze
C. konnen
D. rache

11. Sa fè lontan depi nou pa _____.
A. sonje
B. rete
C. koze
D. rache

12. Manman cheri mwen, kijan ou _____?
A. ye
B. rete
C. sonje
D. Pote

13. Se chak jou nanm mwen louvri byen laj devan Bondye pou _____ pou ou.
A. priye
B. renmen
C. ye
D. ekri

**Ranpli espas vid la - Leson 11 - Yon Lèt Bay Manman Mwen - Vèb**

Non: _____ Klas: _____ Dat: _____

**Ekri mo ki koresponn nan espas vid ki nan fraz sa yo.**

1. Men mwen konnen sa _____ ou tris.

2. Se chak jou nanm mwen louvri byen laj devan Bondye pou _____ pou ou.

3. Tanpri, toujou sonje mwen _____ w anpil!

4. Men manman, ou met sèten, kè mwen _____ tou pre kè ou.

5. _____ 26 avril 1993

6. Mwen _____ ou anpil.

7. _____ mwen nouvèl tout lòt moun yo nan Nouyok?

8. Sa fè Jontan depi nou pa _____.

9. Se avèk yon gwo lakontantman, mwen pran plim mwen pou mwen _____ou.

10. Mwen pa _____ ni jou ni mwa, ni ane, yon sèl bagay, soulajman w pa twò lwen.

11. Manman cheri mwen, kijan ou _____?

12. Mwen menm, kè mwen ap _____.

13. _____ tout fado w yo ak bon jan kouraj.

**Chwazi repons ou yo pami mo sa yo:**

| | | | | | |
|---|---|---|---|---|---|
| Ekri | rache | koze | konnen | ye | Petyonvil |
| Sonje | Ban | fe | renmen | priye | rete |
| Pote | | | | | |

**Rechèch Mo - Leson 11 - Yon Lèt Bay Manman Mwen - Vèb**

Non: _____ Klas: _____ Dat: _____

**Eseye jwenn mo ki kache yo.**

```
X Q T A S U C D S O N J E H X A Y P E
K T R D A V Q R S W K S X N J S O K Q
Q E Q S P H C O M X C Z E D B X R X A
W K D V A Q E Q P E W N M X R H K E R
B R O T K X L Y I T S Z F H J S X N N
S I H Z J F J T D C W S H G H Q Q B X
X S U E E R D B P Y A Q Y P Y P A C E
O V B Q P M D X R Z S G Z U Z S P W
P B V Y G N B U P D E C K R N Q C U G
U Z Y Z N B D P A H F T M Y R E Q G A
Q S P X G P R I Y E T Y E M O O T O A
C H P J D E S Y P Y C Q T O D A P V U
E F Q C K T P V R C M Z M S N G R B Y
Q I L W O Y O F A Q R X B X U W O X R
C Q B A N O T B C J F E K W D B Y C B
D O K S N N E D H Y C V N Q B F L X L
F Q M F E V T P E U S I Z M Y I D F X
E A H I N I T J S L V N R D E Z T O A
S K S A P L T K I X J B J T B N C O S
```

**Chwazi pami mo sa yo:**

| | | | | | |
|---|---|---|---|---|---|
| rete | fe | koze | sonje | Pote | rache |
| Ekri | priye | konnen | renmen | ye | ban |
| Petyonvil | | | | | |

# Lòd alfabetik - Leson 11 - Yon Lèt Bay Manman Mwen - Vokabilè

Non: _____ Klas: _____ Dat: _____

**Ranpli sèk ki tou pre mo ki vini anpremye dapre lòd alfabetik epi ekri mo a.**

1. O tout moun
   O Petyonvil
   O Bondye

2. O cheri
   O Mwen menm
   O lontan

3. O Pitit gason
   O lakontantman
   O tout moun

4. O lontan
   O Pitit gason
   O lakontantman

5. O tris
   O fado
   O Pitit gason

6. O tout moun
   O Mwen menm
   O lakontantman

7. O sèten
   O Pitit gason
   O Bondye

8. O Pitit gason
   O soulajman
   O anpil

9. ○ Bondye
   ○ soulajman
   ○ sèten

   _____
   _____
   _____

10. ○ Tanpri
    ○ soulajman
    ○ lakontantman

    _____
    _____
    _____

11. ○ Mwen menm
    ○ Tanpri
    ○ fado

    _____
    _____
    _____

12. ○ Pitit gason
    ○ Tanpri
    ○ nouvèl

    _____
    _____
    _____

13. ○ nouvèl
    ○ tris
    ○ tout moun

    _____
    _____
    _____

14. ○ tout moun
    ○ nouvèl
    ○ lakontantman

    _____
    _____
    _____

15. ○ cheri
    ○ tris
    ○ Pitit gason

    _____
    _____
    _____

# Fè Koresponn - Leson 11 - Yon Lèt Bay Manman Mwen - Vokabilè

Non: _____ Klas: _____ Dat: _____

**Nan chak espas ki nan fraz yo, mete lèt ki tou pre mo ki ka konplete fraz la pi byen.**

1. _____, 26 avril 1993.   a. Cheri

2. _____ou,      BIBI   b. Tris

3. Manman _____ mwen, kijan ou ye?   c. soulajman

4. Men mwen konnen sa fè ou _____   d. Lakontantman

5. Pote tout _____ w yo ak bon jan kouraj.   e. tout moun

6. Ban mwen _____ tout lòt moun yo nan Nouyòk?   f. Lontan

7. Se avèk yon gwo _____, mwen pran plim mwen pou mwen ekri ou.   g. Sèten

8. _____, kè mwen ap rache.   h. Petyonvil

9. Mwen sonje ou _____   i. Anpil

10. Mwen ta renmen pou ou bò kote mwen. Di _____ mwen renmen yo anpil.   j. nouvèl

11. _____, toujou sonje mwen renmen w anpil!   k. Tanpri

12. Sa fè _____ depi nou pa koze.   l. Mwen menm

13. Mwen pa konnen ni jou ni mwa, ni ane, yon sèl bagay, _____ w pa twò lwen.   m. Bondye

14. Men manman, ou mèt _____, kè mwen rete tou pre kè ou.   n. Pitit gason

15. Se chak jou nanm mwen louvri byen laj devan _____ pou priye pou ou.   o. fado

**Chwa Miltip - Leson 11 - Yon Lèt Bay Manman Mwen - Vokabilè**

Non: _____ Klas: _____ Dat: _____

**Chak fraz gen yon mo ki manke. Ansèkle mo ki manke a.**

1. _____, 26 avril 1993
A. tris
B. Petyonvil
C. Mwen menm
D. nouvel

2. _____ ou,    BIBI
A. Pitit gason
8. Bondye
c. anpil
D. nouvel

3. _____, toujou sonje mwen renmen w anpil!
A. lontan
B. Tanpri
C. anpil
D. Mwen menm

4. Men manman, ou mèt _____, kè mwen rete tou pre kè ou.
A. seten
B. lakontantman
C. cheri
D. lontan

5. Men mwen konnen sa fè ou _____.
A. tout moun
B. tris
C. cheri
D. nouvel

6. Se chak jou nanm mwen louvri byen laj devan _____ pou priye pou ou.
A. Pitit gason
B. seten
C. Bondye
D. soulajman

7. Pote tout _____w yo ak bon jan kouraj.
A. tout moun
B. fado
C. seten
D. anpil

8. Mwen pa konnen ni jou ni mwa, ni ane, yon sèl bagay, _____ w pa twò lwen.
A. cheri
B. soulajman
C. lakontantman

D. nouvel

9. _____, kè mwen ap rache.
A. lontan
B. Tanpri
C. Mwen menm
D. Petyonvil

10. Ban mwen _____ tout lòt moun yo nan Nouyòk ?
A. nouvel
B. fado
C. Petyonvil
D. lontan

11. Sa fè _____depi nou pa koze.
A. lontan
B. Bondye
C. Pitit gason
D. fado

12. Manman _____mwen, kijan ou ye?
A. cheri
B. lontan
C. tout moun
D. fado

13. Se avèk yon gwo _____ mwen pran plim mwen pou mwen ekri ou.
A. cheri
B. lakontantman
C. anpil
D. Mwen menm

14. Mwen ta renmen pou ou bò kote mwen. Di _____ mwen renmen yo anpil.
A. cheri
B. lakontantman
C. tout moun
D. anpil

15. Mwen sonje ou _____.
A. soulajman
B. lakontantman
C. anpil
D. Mwen menm

**Ranpli espas vid la - Leson 11 -Yon Lèt Bay Manman Mwen - Vokabilè**

Non: _____ Klas: _____ Dat: _____

Ekri mo ki koresponn nan espas vid ki nan fraz sa yo.

1. Men mwen konnen sa fè ou _____.

2. Men manman, ou mèt _____, ke mwen rete tou pre kè ou.

3. _____ kè mwen ap rache.

4. Sa fè _____ depi nou pa koze.

5. Se chak jou nanm mwen louvri byen laj devan _____pou priye pou ou.

6. Manman _____ mwen, kijan ou ye?

7. Mwen pa konnen ni jou ni mwa, ni ane, yon sèl bagay, _____ w pa two lwen.

8. Mwen sonje ou _____.

9. Ban mwen _____ tout lòt moun yo nan Nouyòk?

10. _____ ou.      BIBI

11. Pote tout _____ w yo ak bon jan kouraj.

12. _____ 26 avril 1993.

13. Mwen ta renmen pou ou bò kote mwen. Di _____ mwen renmen yo anpil.

14. Se avèk yon gwo _____, mwen pran plim mwen pou mwen ekri ou.

15. _____, toujou sonje mwen renmen w anpil!

**Chwazi repons ou yo pami mo sa yo:**

| | | | | |
|---|---|---|---|---|
| Bondye | lontan | cheri | Petyonvil | Mwen menm |
| tout moun | soulajman | Tanpri | sèten | lakontantman |
| Tris | nouvèl | fado | Pitit gason | anpil |

| | | | | | | | | | | | | | | | |
|---|---|---|---|---|---|---|---|---|---|---|---|---|---|---|---|

**Rechèch Mo - Leson 11 - Yon Lèt Bay Manman Mwen - Vokabilè**

Non: _____  Klas: _____  Dat: _____

**Eseye jwenn mo ki kache yo.**

```
L  O  N  T  A  N  K  R  S  H  A  W  V  N  B  D  Y  J
O  M  W  E  N  M  E  N  M  A  N  C  Z  Z  B  T  L  S
T  A  N  P  R  I  U  F  I  J  H  Q  Q  O  N  M  J  I
O  A  P  Y  Q  J  D  P  O  V  D  M  Y  U  T  J  C  X
U  L  N  X  V  D  R  E  M  I  S  N  C  E  W  J  I  F
T  E  A  P  S  O  U  L  A  J  M  A  N  H  K  T  O  O
M  G  O  K  I  D  R  N  P  Y  G  N  A  V  E  H  B  L
O  Y  U  E  O  L  P  R  B  E  Y  N  W  G  T  R  I  S
U  P  M  R  T  N  I  I  J  F  T  U  P  Y  L  N  I  R
N  V  H  J  L  K  T  C  D  N  F  Y  S  O  L  D  Z  H
F  G  J  S  V  T  I  A  G  O  N  W  O  V  C  H  L  V
N  V  N  E  W  V  T  H  N  Y  V  Y  R  N  N  M  I  K
M  J  N  T  P  X  G  U  N  T  J  P  F  W  V  J  Z  W
H  R  Q  E  Q  Z  A  C  Q  O  M  X  I  H  Q  I  D  W
N  N  M  N  O  B  S  B  R  O  U  A  X  Z  J  F  L  U
Z  V  I  F  A  D  O  R  E  Z  N  V  N  R  W  D  J  T
L  I  R  E  S  I  N  B  O  N  D  Y  E  Y  Y  R  O  U
E  L  X  Q  B  R  Y  O  T  N  N  G  W  L  P  D  H  R
```

**Chwazi pami mo sa yo:**

| | | | |
|---|---|---|---|
| Cheri | nouvèl | sèten | tris | soulajman |
| Mwen menm | Pitit gason | fado | lakontantman | tout moun |
| Anpil | Petyonvil | lontan | Bondye | Tanpri |

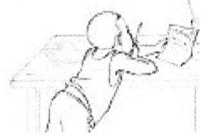

113

# Aktivite Leson 12
## Lòd alfabetik - Leson 12 - Nan Lopital - Vèb ak ekspresyon

Non: _____ Klas: _____ Dat: _____

**Ranpli sèk ki tou pre mo ki vini anpremye dapre lòd alfabetik epi ekri mo a..z**

1. O vizite
   O sa di anpil
   O gen

2. O gen
   O kouche
   O fè

3. O sa di anpil
   O wè
   O ale

4. O soufri
   O wè
   O kouche

5. O soufri
   O kouche
   O gen

6. O Ganyen
   O gen
   O se akoz

7. O fè
   O se akoz
   O wè

8. O kouche
   O soufri
   O ale

9. O Ganyen
   O vizite
   O sa di anpil

10. O vizite
    O fè
    O se akoz

# Fè Koresponn - Leson 12 - Nan Lopital - Vèb ak ekspresyon

Non: _____ Klas: _____ Dat: _____

**Nan chak espas ki nan fraz yo, mete lèt ki tou pre mo ki ka konplete fraz la pi byen.**

1. Fòk ou _____ kè ak anpil kouraj.                              a. se akoz

2. Nan youn ou lòt ka, _____ pou wè yon zantray ki ap soufri.    b. fè

3. Pafwa lè ou _____ moun yo ou gen Japenn.                      c. sa di anpil

4. Ganyen ki _____ akoz aksidan.                                 d. Ganyen

5. Gen moun k'ap _____ tout jan.                                 e. wè

6. Ganyen lot se akoz enpridans ki fè yo _____ nan              f. kouche
   òtopedi oubyen chiriji apre yon grav aksidan.

7. _____ se akoz malnitrisyon, oubyen tibèkiloz.                 g. soufri

8. Ganyen _____ malnitrisyon, oubyen tibèkiloz.                  h. gen

9. Li pa fasil pou _____ yon lopital.                            i. ale

10. Ganyen lòt se akoz enpridans ki _____ yo ale nan            j. vizite
    òtopedi oubyen chiriji apre yon grav aksidan.

**Chwa Miltip - Leson 12 - Nan Lopital - Vèb ak ekspresyon**

Non: _____ Klas: _____ Dat: _____

**Chak fraz gen yon mo ki manke. Ansèkle mo ki manke a.**

1. Ganyen lòt se akoz enpridans ki fè yo _____ nan òtopedi oubyen chiriji apre yon grav aksidan.
A. ale
B. vizite
C. wè
D. soufri

2. Ganyen lòt se akoz enpridans ki _____ yo ale nan òtopedi oubyen chiriji apre yon grav aksidan.
A. wè
B. kouche
C. ale
D. fè

3. Gen moun k'ap _____ tout jan.
A. soufri
B. wè
C. vizite
0. Gen

4. _____ se akoz malnitrisyon, oubyen tibèkiloz.
A. gen
B. fè
C. Ganyen
D. vizite

5. Ganyen _____ malnitrisyon, oubyen tibèkiloz.
A. kouche
B. vizite
C. Ganyen
D. se akoz

6. Pafwa lè ou _____ moun yo ou gen lapenn.
A. Ganyen
B. kouche
C. we
D. gen

7. Ganyen ki _____ akoz aksidan.
A. Ganyen
B. se akoz
C. kouche
D. fè

8. Fòk ou _____ kè ak anpil kouraj.
A. soufri
B. gen
C. we
D. fè

9. Nan youn ou lòt ka, _____ pou wè yon zantray ki ap soufri.
A. fè
B. Ganyen
C. sa di anpil
D. kouche

10. Li pa fasil pou _____ yon lopital
A. gen
B. sa di anpil
C. vizite
D. fè

**Ranpli espas vid la - Leson 12 - Nan Lopital - Vèb ak ekspresyon**

Non: _____ Klas: _____ Dat: _____

**Ekri mo ki koresponn nan espas vid ki nan fraz sa yo.**

1. Ganyen _____ malnitrisyon, oubyen tibèkiloz.

2. Gen moun k'ap _____ tout jan.

3. Pafwa lè ou _____ moun yo ou gen lapenn

4. Fòk ou _____ kè ak anpil kouraj.

5. Li pa fasil pou _____ yon lopital.

6. Ganyen ki _____ akoz aksidan.

7. Nan youn ou lòt ka, _____ pou wè yon zantray ki ap soufri.

8. Ganyen lòt se akoz enpridans ki _____ yo ale nan òtopedi oubyen chiriji apre yon grav aksidan.

9. Ganyen lòt se akoz enpridans ki fè yo _____ nan òtopedi oubyen chiriji apre yon grav aksidan.

10. _____ se akoz malnitrisyon, oubyen tibèkiloz.

**Chwazi repons ou yo pami mo sa yo:**

| | | | | |
|---|---|---|---|---|
| Ganyen | wè | vizite | kouche | sa di anpil |
| se akoz | gen | fè | ale | soufri |

**Rechèch Mo - Leson 12 - Nan Lopital - Vèb ak ekspresyon**

Non: _____ Klas: _____ Dat: _____

**Eseye jwenn mo ki kache yo.**

```
T  K  W  K  W  F  H  S  P  R  R  E  Z  O  Y  K  H
A  S  L  R  X  E  B  O  O  P  A  V  T  S  E  V  Y
J  C  Y  F  K  E  S  U  Z  Z  H  Q  J  E  S  Q  W
R  G  E  N  A  L  E  F  C  U  U  R  B  O  D  V  A
R  K  L  N  G  Z  U  R  E  C  V  L  C  P  H  S  W
T  Z  L  Q  S  A  D  I  A  N  P  I  L  T  L  S  O
G  W  K  E  C  T  P  K  V  C  W  V  O  T  D  M  I
C  A  A  T  L  F  F  U  U  A  K  J  U  S  X  E  M
H  S  N  G  A  T  G  P  E  O  K  Z  V  J  W  R  C
U  S  M  Y  S  V  F  M  D  V  U  C  Z  R  G  U  Q
B  O  G  X  E  F  A  V  I  Z  I  T  E  J  D  C  Q
K  C  J  R  A  N  A  K  Y  B  G  G  L  B  L  T  X
Q  N  I  F  K  C  A  P  O  L  Z  A  H  C  G  B  F
G  O  F  Z  O  A  N  V  W  U  B  M  V  B  E  X  F
L  D  J  I  Z  V  L  X  U  F  C  H  F  H  G  Y  A
T  I  S  V  X  U  O  T  H  E  H  H  V  H  K  N  O
T  C  H  N  I  M  I  N  J  T  L  M  E  Z  Q  V  Q
```

**Chwazi pami mo sa yo:**

| | | | | | |
|---|---|---|---|---|---|
| vizite | sa di anpil | Ganyen | ale | soufri | gen |
| fè | se akoz | we | kouche | | |

**Lòd alfabetik - Leson 12 - Nan Lopital - Vokabilè**

Non: _____ Klas: _____ Dat: _____

**Ranpli sèk ki tou pre mo ki vini anpremye dapre lòd alfabetik epi ekri mo a.**

1. O chiriji
   O lopital
   O lapenn

2. O kouraj
   O malnitrisyon
   O moun

3. O enpridans
   O malnitrisyon
   O lapenn

4. O moun
   O òtopedi
   O zantray

5. O òtopedi
   O malnitrisyon
   O aksidan

6. O kouraj
   O malnitrisyon
   O zantray

7. O tibèkiloz
   O lapenn
   O lopital

8. O lopital
   O moun
   O enpridans

9. O lopital
   O moun
   O zantray

10. O òtopedi
    O moun
    O enpridans

11. O chiriji
    O enpridans
    O lopital

### Fè Koresponn - Leson 12 - Nan Lopital - Vokabilè

Non: _____ Klas: _____ Dat: _____

**Nan chak espas ki nan fraz yo, mete, lèt ki tou pre mo ki ka konplete fraz la pi byen.**

1. Ganyen lòt se akoz enpridans ki fè yo ale nan òtopedi oubyen _____ apre yon grav aksidan.   a. Kouraj

2. Ganyen ki kouche akoz _____.   b. Lopital

3. Fòk ou gen ke ak anpil _____.   c. aksidan

4. Ganyen lòt se akoz enpridans fi kè yo ale nan _____ oubyen chiriji apre yon grav aksidan.   d. malnitrisyon

5. Ganyen se akoz _____, oubyen tibòkiloz.   e. òtopedi

6. Li pa fasil pou vizite yon _____.   f. Moun

7. Pafwa lò ou wè moun yo ou gen_____   g. zantray

8. Nan youn ou lòt ka, sa di anpil pou wè yon _____ ki ap soufri.   h. Chiriji

9. Ganyen se akoz malnitrisyon, oubyen _____.   i. tibèkiloz

10. Gen_____ k'ap soufri tout jan.   j. enpridans

11. Ganyen lòt se akoz _____ ki fè yo ale nan òtopedi oubyen chiriji apre yon grav aksidan.   k. lapenn

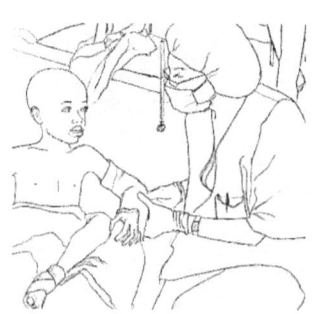

# Chwa Miltip - Leson 12 - Nan Lopital - Vokabilè

Non: _____ Klas: _____ Dat: _____

**Chak fraz gen yon mo ki manke. Ansèkle mo ki manke a.**

1. Ganyen lòt se akoz _____ ki fè yo ale nan òtopedi oubyen chiriji apre yon grav aksidan.
A. moun
B. òtopedi
C. malnitrisyon
D. enpridans

2. Nan youn ou lòt ka, sa di anpil pou wè yon _____ ki ap soufri.
A. zantray
B. moun
C. chiriji
D. enpridans

3. Fòk ou gen kè ak anpil _____.
A. malnitrisyon
B. chiriji
C. aksidan
D. kouraj

4. Pafwa lò ou wò moun yo ou gen _____.
A. kouraj
B. zantray
C. tibèkiloz
D. lapenn

5. Li pa fasil pou vizite yon _____.
A. lapenn
B. zantray
C. lopital
D. òtopedi

6. Ganyen ki kouche akoz _____.
A. chiriji
B. aksidan
C. òtopedi
D. moun

7. Ganyen se akoz malnitrisyon, oubyen _____.
A. moun
B. zantray
C. òtopedi
D. tibèkiloz

8. Ganyen lòt se akoz enpridans ki fè yo ale nan òtopedi oubyen _____ apre yon grav aksidan.
A. chiriji
B. òtopedi
C. aksidan
D. lapenn

9. Ganyen lòt se akoz enpridans ki fè yo ale nan _____ oubyen chiriji apre yon grav aksidan.
A. lapenn
B. òtopedi
C. enpridans
D. lopital

10. Gen _____ k'ap soufri tout jan.
A. lopital
B. zantray
C. malnitrisyon
D. moun

11. Ganyen se akoz _____, oubyen tibòkiloz.
A. lopital
B. aksidan
C. malnitrisyon
D. chiriji

**Ranpli espas vid la - Leson 12 - Nan Lopital - Vokabilè**

Non: _____ Klas: _____ Dat: _____

**Ekri mo ki koresponn nan espas yid ki nan fraz sa yo.**

1. Ganyen lòt se akoz enpridans ki fè yo ale nan _____ oubyen chiriji apre gray aksidan.

2. Li pa fasil pou vizite yon_____.

3. Ganyen se akoz_____, oubyen tibòkiloz.

4. Ganyen lòt se akoz enpridans ki fè yo ale nan òtopedi oubyen_____apre yon grav aksidan.

5. Pafwa lò ou wò moun yo ou gen_____.

6. Gen_____ k'ap soufri tout jan.

7. Ganyen lòt se akoz_____ki fè yo ale nan òtopedi oubyen chiriji apre yon grav aksidan.

8. Nan youn ou lot ka, sa di anpil pou wè yon_____ ki ap soufri.

9. Ganyen se akoz malnitrisyon, oubyen_____.

10. Ganyen ki kouche akoz_____.

11. Fòk ou gen kè ak anpil_____.

**Chwazi repons ou yo pami mo sa yo:**

| | | | | |
|---|---|---|---|---|
| malnitrisyon | lopital | tibèkiloz | kouraj | moun |
| lapenn | aksidan | òtopedi | chiriji | zantray |
| enpridans | | | | |

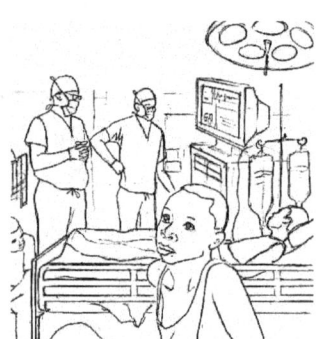

# Rechèch Mo - Leson 12 - Nan Lopital - Vokabilè

Non: _____  Klas: _____  Dat: _____

**Eseye jwenn mo ki kache yo.**

```
M A L N I T R I S Y O N U Y G Y I U R
H Z I M A D P X P I B D A K W V J T U
Z S U R V W L Z S V K Q N K Y C U H Y
U I A Y T E X J W K K O U J U M D F Z
T U Q Q C N B P W O X W U T H L O H K
G E D S X P Q H T J T Q L R M K R U F
V E I I P R O T W X N O A C A X A C N
A C H I R I J I B O X W P W M J V R H
D S J P X D A B G C E N E E O D Q D U
Z A N T R A Y E O N V S N B D V K L W
W W V Y X N A K S I D A N W Y I N C X
Y A O G Q S B I T Y G G K L A U D T O
O P R K V L S L J S N N C P X C H I J
W I Y Y B Q L O P I T A L B E R K X Y
W S A R D W O Z C V U Y T J U V G Y K
X O D F L I U H V H M Q Z A C F E N G
F Q L Q W L T O J F D F M H P Q Z O U
B P F Q Z K R B D H S D P Z Y F J V B
U S T P T Q H K R S K Q I L D H J L D
```

## Chwazi pami mo sa yo:

| | | | | |
|---|---|---|---|---|
| òtopedi | enpridans | lopital | kouraj | moun |
| tibèkiloz | chiriji | zantray | malnitrisyon | aksidan |
| lapenn | | | | |

# Aktivite Leson 13

**Lòd alfabetik - Leson 13 - Yon Ti Tonèl - Vèb ak ekspresyon**

Non: _____  Klas: _____  Dat: _____

**Ranpli sèk ki tou pre mo ki vini anpremye dapre lòd alfabetik epi ekri mo a.**

1. O fèt
   O trese
   O sèvi ak

2. O fèt
   O gen
   O sèvi ak

3. O se pa
   O Se
   O fè

4. O gen
   O fè
   O fèt

5. O gen
   O Se
   O sèvi ak

6. O se pa
   O Malgre sa
   O gen

7. O Se pa vre
   O fè
   O Malgre sa

8. O gen
   O fè
   O sèvi ak

9. O gen
   O Se pa vre
   O Se

# Fè Koresponn - Leson 13 - Yon Ti Tonèl - Vèb ak ekspresyon

Non: _____ Klas: _____ Dat: _____

**Nan chak espas ki nan fraz yo, mete lèt ki tou pre mo Id ka konplete fraz la pi byen.**

1. Se yon gwo travay pou _____ yon tonèl.                a. gen

2. _____yon gwo travay you fè yon tonèl.                  b. Se

3. Malgre sa, tonèl la pi bon pase anyen ditou _____?     c. se pa

4. Li _____ak pay kokoye ki trese tribò babò.                 d. sèvi ak

5. _____,tonèl la pi bon pase anyen ditou. Se pa vre?     e. Malgre sa

6. Li fèt ak pay kokoye ki _____tribe babe.               f. tres

7. Malerezman se kay solèy, _____ kay lapli.              g. fè

8. Anpil fwa lè pa _____ bwa solid tankou chenn oubyen
   kajou, bòs yo sèvi ak gonmye.                                    h. Se pa vre

9. Anpil fwa lè pa gen bwa solid tankou chenn oubyen kajo,          i. fèt
   bòs yo _____ gonmye.

125

# Chwa Miltip - Leson 13 - Yon Ti Tonèl - Vèb ak ekspresyon

Non: _____ Klas: _____ Dat: _____

**Chak fraz gen yon mo ki manke. Ansèkle mo ki manke a.**

1. Se yon gwo travay pou_____yon tonèl.
A. se pa
B. Se pa vre
C. fè
D. fèt

2. Li fèt ak pay kokoye ki_____tribò babò.
A. fèt
B. trese
C. Se pa vre
D. se pa

3. Malgre sa, tonèl la pi bon pase anyen ditou, _____?
A. se pa
B. Malgre sa
C. Se
D. Se pa vre

4. Malerezman se kay solèy, _____ kay lapli.
A. fè
B. Se pa vre
C. se pa
D. sèvi ak

5. Anpil fwa lè pa _____ bwa solid tankou chenn oubyen kajou, bòs yo sèvi ak gonmye.
A. gen
B. fèt
C. Malgre sa
D. Se

6. Anpil fwa lè pa gen bwa solid tankou chenn oubyen kajou, bòs yo _____ gonmye.
A. fèt
B. trese
C. sèvi ak
D. se pa

7. _____ tonèl la pi bon pase anyen ditou. Se pa vre?
A. sèvi ak
B. Malgre sa
C. Se pa vre
D. se pa

8. Li _____ak pay kokoye ki trese tribò babò.
A. trese
B. sèvi ak
C. se pa
D. fèt

9. _____yon gwo travay you fè yon tonèl.
A. fè
B. fèt
C. Se
D. Se pa vre

# Ranpli espas vid la - Leson 13 - Yon Ti Tonèl - Vèb ak ekspresyon

Non: _____ Klas: _____ Dat: _____

**Ekri mo ki koresponn nan espas yid ki nan fraz sa yo.**

1. Li_____ak pay kokoye ki trese tribò babò.

2. Malgre sa, tonèl la pi bon pase anyen ditou _____?

3. Anpil fwa lè pa _____ bwa solid tankou chenn oubyen kajou, bòs yo sèvi ak gonmye.

4. Anpil fwa lè pa _____ gen bwa solid tankou chenn oubyen kajou, bòs yo _____ gonmye.

5. Se yon gwo travay pou _____ yon tonèl.

6. Malerezman se kay solèy,_____ kay lapli.

7. Li fèt ak pay kokoye ki_____ tribò babò.

8. _____ tonèl la pi bon pase anyen ditou. Se pa vre?

9. _____ yon gwo travay pou fè yon tonèl.

## Chwazi repons ou yo pami mo sa yo:
trese          gen          fè          Se          se pa          fèt
Malgre sa      sèvi ak      Se pa vre

# Fè Koresponn - Leson 13 - Yon Ti Tonèl - Vèb ak ekspresyon

Non: _____ Klas: _____ Dat: _____

**Nan chak espas ki nan fraz yo, mete lèt ki tou pre mo ki ka konplete fraz la pi byen.**

1. _____ yon gwo travay pou fè yon tonèl.   a. Se

2. _____, tonèl la pi bon pase anyen ditou. Se pa vre?   b. Malgre sa

3. Se yon gwo travay pou _____ yon tonèl.   c. gen

4. Malerezman se kay solèy, _____ kay lapli.   d. trese

5. Anpil fwa lè pa _____ bwa solid tankou chenn oubyen kajou, bòs yo sèvi ak gonmye.   e. se pa

6. Li_____ ak pay kokoye ki trese tribò babò.   f. fè

7. Anpil fwa lè pa gen bwa solid tankou chenn oubyen kajou, bòs yo _____ gonmye.   g. Se pa vre

8. Malgre sa, tonèl la pi bon pase anyen ditou. _____?   h. fèt.

9. Li fèt ak pay kokoye ki _____ tribò babò.   i. sèvi ak

# Lòd alfabetik - Leson 13 - Yon Ti Tonèl - Vokabilè

Non: _____ Klas: _____ Dat: _____

**Ranpli sèk ki tou pre mo ki vini anpremye dapre lòd alfabetik epi ekri mo a.**

1. O kokoye
   O pay
   O tribò babò

2. O pay
   O kajou
   O gonmye

3. O tribò babò
   O tonèl
   O kokoye

4. O tribò babò
   O pay
   O kokoye

5. O kajou
   O gonmye
   O kokoye

6. O kokoye
   O travay
   O kajou

7. O travay
   O gonmye
   O Malerezman

8. O anyen ditou
   O kokoye
   O solid

9. 
O pay
O tonèl
O Malerezman

10.
O anyen ditou
O tribò babò
O chenn

11.
O tonèl
O kajou
O kokoye

12.
O Anpil fwa
O solid
O kokoye

13.
O solid
O chenn
O kajou

### Fè Koresponn - Leson 13 - Yon Ti Tonèl - Vokabilè

Non: _____ Klas: _____ Dat: _____

**Nan chak espas ki nan fraz yo, mete lèt ki tou pre mo ki ka konplete fraz la pi byen.**

1. Anpil fwa lè pa gen bwa solid tankou chenn oubyen kajou,
   bòs yo sèvi ak _____.    a. Malerezman

2. Li fèt ak _____ kokoye ki trese tribò babò.    b. solid

3. _____ se kay solèy, se pa kay lapli.    c. pay

4. _____ lè pa gen bwa solid tankou chenn oubyen kajou,
   bòs yo sèvi ak gonmye.    d. tonèl

5. Li fèt ak pay _____ ki trese tribò babò.    e. kokoye

6. Li fèt ak pay _____ ki trese tribò babò.    f. kajou

7. Anpil fwa lè pa gen bwa _____ tankou chenn oubyen kajou,
   bòs yo sevi ak gonmye.    g. anyen ditou

8. Li fèt ak pay kokoye ki trese _____ .    h. Anpil fwa

9. Anpil fwa lè pa gen bwa solid tankou_____ oubyen kajou,
   bòs yo sèvi ak gonmye.    i. gonmye

10. Se yon gwo travay pou fè yon _____ .    j. tribò babò

11. Anpil fwa lè pa gen bwa solid tankou chenn oubyen_____,
    bòs yo sevi ak gonmye.    k. chenn

12. Malgre sa, tonèl la pi bon pase _____ . Se pa vre?    l. travay

13. Se yon gwo _____ you fè yon tonèl.    m. kokoye

131

# Chwa Miltip - Leson 13 - Yon Ti Tonèl - Vokabilè

Non: _____ Klas: _____ Dat: _____

**Chak fraz gen yon mo ki manke. Ansèkle mo ki manke a.**

1. Se yon gwo travay pou fè yon _____.
A. Anpil fwa
B. Malerezman
C. anyen ditou
D. tonèl

2. Li fèt ak pay kokoye ki trese _____.
A. tribò babò
B. kajou
C. kokoye
D. pay

3. _____ se kay solèy, se pa kay lapli.
A. tribò babò
B. kokoye
C. Malerezman
D. anyen ditou

4. Anpil fwa lè pa gen bwa solid tankou _____ oubyen kajou, bòs yo sèvi ak gonmye.
A. chenn
B. travay
C. solid
D. Anpil fwa

5. Li fèt ak _____ ye ki trese tribò babò.
A. pay
B. solid
C. chenn
D. tonèl

6. Li fèt ak pay _____ ki trese tribò babò.
A. Anpil fwa
B. kokoye
C. travay
D. tonèl

7. Li fèt ak pay _____ ki trese tribò babò.
A. kokoye
B. Malerezman
C. gonmye
D. solid

8. Anpil fwa lè pa gen bwa _____ tankou chenn oubyen kajou, bòs yo sèvi ak gonmye.
A. chenn
B. kokoye
C. gonmye
D. solid

9. Se yon gwo _____ you fè yon tonèl.
A. travay
B. kokoye
C. anyen ditou
D. Malerezman

10. Anpil fwa lè pa gen bwa solid tankou chenn oubyen _____, bòs yo sevi ak gonmye.
A. chenn
B. anyen ditou
C. solid
D. kajou

11. _____ lè pa gen bwa solid tankou chenn oubyen kajou, bòs yo sèvi ak gonmve.
A. kajou
B. Anpil fwa
C. kokoye
D. chenn

12. Malgre sa, tonèl la pi bon pase _____. Se pa vre?
A. kajou
B. pay
C. anyen ditou
D. solid

13. Anpil fwa lè pa gen bwa solid tankou chenn oubyen kajou, bòs yo sèvi ak _____.
A. travay
B. gonmye
C. kajou
D. Malerezman

**Ranpli espas vid la - Leson 13 - Yon Ti Tonèl - Vèb ak Vokabilè**

Non: _____ Klas: _____ Dat: _____

**Ekri mo ki koresponn nan espas vid ki nan fraz sa yo.**

1. _____ se kay solèy, se pa kay lapli.

2. Li fèt ak pay _____ ki trese tribò babò.

3. Anpil fwa lè pa gen bwa solid tankou _____ oubyen kajou, bòs yo sèvi ak gonmye.

4. Li fèt ak _____ kokoye ki trese tribò babò.

5. Se yon gwo _____ you fè yon tonèl.

6. Li fèt ak pay _____ ki trese tribò babò.

7. Anpil fwa lè pa gen bwa solid tankou chenn oubyen kajou, bòs yo sèvi ak _____.

8. Anpil fwa lè pa gen bwa _____ tankou chenn oubyen kajou, bòs yo sèvi ak gonmye.

9. _____ lè pa gen bwa solid tankou chenn oubyen kajou, bòs yo sèvi ak gonmye.

10. Se yon gwo travay pou fè yon _____.

11. Anpil fwa lè pa gen bwa solid tankou chenn oubyen _____, bòs yo sèvi ak gonmye.

12. Malgre sa, tonèl la pi bon pase _____. Se pa vre?

13. Li fèt ak pay kokoye ki trese _____.

**Chwazi repons ou yo pami mo sa yo:**

| | | | | |
|---|---|---|---|---|
| kokoye | Anpil fwa | anyen ditou | kokoye | pay |
| tribò babò | tonèl | kajou | gonmye | travay |
| chenn | Malerezman | solid | | |

**Rechèch Mo - Leson 13 - Yon Ti Tonèl - Vèb ak Vokabilè**

Non: _____ Klas: _____ Dat: _____

**Eseye jwenn mo ki kache yo.**

```
P  N  Q  S  O  E  J  C  H  E  N  N  L  G  F  O  D  Y
A  H  K  O  K  O  Y  E  O  T  H  J  G  G  I  X  L  Z
Q  J  A  T  R  I  B  O  B  A  B  O  C  T  Q  S  M  A
Z  M  N  V  P  A  A  O  A  B  L  T  I  M  P  A  P  T
X  V  P  D  E  M  G  M  Y  M  K  R  F  M  B  H  X  T
M  J  I  F  B  S  A  L  C  X  I  A  A  L  A  C  E  B
R  W  L  G  Q  O  F  L  X  Z  R  V  S  K  F  I  B  X
A  Q  F  Q  G  L  P  U  E  L  K  A  P  Z  W  G  K  X
N  B  W  Q  Z  I  X  Y  D  R  D  Y  H  I  X  G  D  E
Y  C  A  H  O  D  G  B  E  K  E  S  R  L  V  J  L  D
E  V  O  C  T  L  K  H  H  C  C  Z  V  Q  K  B  H  D
N  I  S  W  R  T  A  K  E  P  R  N  M  S  H  J  P  F
D  U  A  T  Q  G  J  T  Z  A  N  U  D  A  A  Y  E  B
I  T  L  N  X  K  O  K  O  Y  E  B  V  G  N  X  L  J
T  G  C  B  T  D  U  N  S  N  E  M  X  K  X  V  S  X
O  F  X  M  L  C  O  U  M  R  E  L  C  R  F  X  E  Z
U  Q  U  Q  M  A  F  M  U  Y  J  L  Z  A  V  K  H  S
D  A  S  V  X  U  R  O  J  J  E  E  A  E  U  D  A  C
```

**Chwazi pami mo sa yo:**

| | | | | |
|---|---|---|---|---|
| travay | solid | tonèl | anyen ditou | gonmye |
| tribò babò | kokoye | pay | chenn | Anpil fwa |
| kajou | kokoye | Malerezman | | |

134

# Aktivite Leson 14

Lòd alfabetik - Leson 14 - Bòs Fòmann - Vèb ak ekspresyon

Non: _____ Klas: _____ Dat: _____

**Ranpli sèk ki tou pre mo ki vini anpremye dapre lòd alfabetik epi ekri mo a.**

1. O pase
   O rete
   O pi gwo moso

2. O rete
   O bezwen
   O bati

3. O sipèvize
   O bati
   O pase

4. O pi gwo moso
   O bezwen
   O sipèvize

5. O bati
   O pi gwo moso
   O rete

6. O moso
   O pase
   O rete

7. O pase
   O rete
   O sipèvize

8. O dwe
   O rete
   O bati

# Fè Koresponn - Leson 14 - Bòs Fòmann - Vèb ak ekspresyon

Non: _____ Klas: _____ Dat: _____

**Nan chak espas ki nan fraz yo, mete lèt ki tou pre mo ki ka konplete fraz la pi byen.**

1. Li_____ yon bon fòmann.                                           a. moso

2. Fòrnann nan la pou sipèvize detay travay yo, pandan enjenyè a ap sipèvize
   pi gwo _____ nan travay la.                                            b. bati

3. Men tout travay; gwo oubyen piti, _____ nòmalman pase nan men
   ouvriye ki pi piti yo.                                                      c. pi gwo moso

4. Men tout travay; gwo oubyen piti, dwe nomalman_____ nan men            d. bezwen
   ouvriye ki pi piti yo.

5. Fòmann nan la pou _____ detay travay yo.                               e. dwe

6. Lè chantye ap _____, enjenyè pa ka rete toutan sou plas.             f. rete

7. Lè chantye ap bati, enjenyè pa ka _____ toutan sou plas.               g. sipèvize

8. Fòrnann nan la pou sipèvize detay travay yo, pandan enjenyè a ap sipèvize

   _____ nan travay la.                                                   h. pase

# Chwa Miltip - Leson 14 - Bòs Fomann - Vèb ak ekspresyon

Non: _____ Klas: _____ Dat: _____

**Chak fraz gen yon mo ki manke. Ansèkle mo ki manke a.**

1. Lè chantye ap bati, enjenyè pa ka _____ toutan sou plas.
A. rete
B. bati
C. bezwen
D. sipèvize

2. Fòrmann nan la pou _____ detay travay yo.
A. sipèvize
B. dwe
C. rete
D. pase

3. Men tout travay; gwo oubyen piti, dwe nòmalman_____ nan men ouvriye ki pi piti yo.
A. pase
B. bezwen
C. sipèvize
D. bati

4. Li_____ yon bon fòmann.
A. bati
B. bezwen
C. moso
D. rete

5. Fòmann nan la pou sipèvize detay travay yo, pandan enjenyè a ap sipèvize pi gwo _____nan travay la.
A. bati
B. bezwen
C. moso
D. rete

6. Fòmann nan la pou sipèvize detay travay yo, pandan enjenyè a ap sipèvize _____ nan travay la.
A. rete
B. moso
C. bati
D. pi gwo moso

7. Men tout travay; gwo oubyen piti, _____ nòmalman pase nan men ouvriye ki pi piti yo.
A. moso
B. bezwen
C. sipèvize
D. dwe

8. Lè chantye ap _____, enjenyè pa ka rete toutan sou plas.
A. bati
B. pi gwo moso
C. pase
D. rete

**Ranpli espas vid la - Leson 14 - Bòs Fòmann - Vèb ak ekspresyon**

Non: _____ Klas: _____ Dat: _____

**Ekri mo ki koresponn nan espas vid ki nan fraz sa yo.**

1. Fòmann nan la pou _____ detay travay yo.

2. Fòmann nan la pou sipèvize detay travay yo, pandan enjenyè a ap sipèvize _____ nan travay la.

3. Men tout travay; gwo oubyen piti, dwe nòmalman _____ nan men ouvriye ki pi piti yo.

4. Lè chantye ap_____, enjenyè pa ka rete toutan sou plas.

5. Men tout travay; gwo oubyen piti, _____ nòmalman pase nan men ouvriye ki pi piti yo.

6. Fòmann nan la pou sipèvize detay travay yo, pandan enjenyè a ap sipèvize pi gwo _____ nan travay la.

7. Lè chantye ap bati, enjenyè pa ka _____ toutan sou plas.

8. Li_____ yon bon fòmann.

**Chwazi repons ou yo pami mo sa yo:**

| | | | | |
|---|---|---|---|---|
| rete | bezwen | pase | bati | dwe |
| moso | sipèvize | pi gwo moso | | |

**Lòd alfabetik - Leson 14 - Bòs Fòmann - Vokabilè**

Non: _____  Klas: _____ Dat: _____

Ranpli sèk ki tou pre mo ki vini anpremye dapre lòd alfabetik epi ekri mo a.

1. O ouvriye
   O chantye
   O nomalman

2. O fòmann
   O chantye
   O travay

3. O travay
   O detay
   O oubyen

4. O oubyen
   O enjenyè
   O moso

5. O enjenye
   O ouvriye
   O toutan

6. O moso
   O toutan
   O detay

7. O oubyen
   O nòmalman
   O travay

8. O ouvriye
   O detay
   O travay

9. O moso
   O fòmann
   O travav

10. O oubyen
    O enjenyè
    O detay

**Fè Koresponn - Leson 14 - Bòs Fòmann - Vokabilè**

Non: _____ Klas: _____ Dat: _____

**Nan chak espas ki nan fraz yo, mete lèt ki tou pre mo ki ka konpiete fraz la pi byen.**

1. Fòmann nan la pou sipèvize detay travay yo, pandan_____ a ap sipèvize pi gwo moso nan travay la.      a. toutan

2. Men tout travay; gwo_____ piti, dwe nòmalman pase nan men ouvriye ki pi piti yo.      b. moso

3. Li bezwen yon bon_____.      c. fòmann

4. Men tout _____ ; gwo oubyen piti, dwe nòmalman pase nan men ouvriye ki pi piti yo.      d. enjenyè

5. Fòmann nan la pou sipèvize detay travay yo, pandan enjenyè a ap sipèvize pi gwo _____ nan travay la.      e. travay

6. Lè chantye ap bati, enjenyè pa ka rete_____ sou plas.      f. ouvriye

7. Men tout travay; gwo oubyen piti, dwe nòmalman pase nan men _____ ki pi piti yo.      g. chantye

8. Lè _____ ap bati, enjenyè pa ka rete toutan sou plas.

    h. nòmalman

9. Fòmann nan la pou sipvizè _____ travay yo.      i. oubyen

10. Men tout travay; gwo oubyen piti, dwe _____ pase nan men ouvriye ki pi piti yo.      j. detay

**Chwa Miltip - Leson 14 - Bòs Fòmann - Vokabilè**

Non: _____ Klas: _____ Dat: _____

**Chak fraz gen yon mo ki manke. Ansèkle mo ki manke a.**

1. Men tout travay; gwo _____ piti, dwe nòmalman pase nan men ouvriye ki pi piti yo.
A. ouvriye
B. travay
C. chantye
D. oubyen

2. Men tout travay; gwo oubyen piti, dwe nòmalman pase nan men _____ ki pi piti yo.
A. ouvriye
B. fomann
C. oubyen
D. moso

3. Lè chantye ap bati, enjenyè pa ka rete _____ sou plas.
A. ouvriye
B. nomalman
C. chantye
D. toutan

4. Fòmann nan la pou sipèvize detay travay yo, pandan _____ a ap sipèvize pi gwo moso nan travay la.
A. chantye
B. oubyen
C. nomalman
D. enjenyè

5. Li bezwen yon bon _____.
A. enjenyè
B. toutan
C. detay
D. fomann

6. Men tout _____; gwo oubyen piti, dwe nòmalman pase nan men ouvriye ki pi piti yo.
A. travay
B. moso
C. oubyen
D. detay

7. Fòmann nan la pou sipvizè _____ travay yo.
A. nomalman
B. travay
C. enjenyè
D. detay

8. Fòmann nan la pou sipèvizè detay travay yo, pandan enjenyè a ap sipèvize pi gwo _____ nan travay la.
A. moso
B. fomann
C. nomalman
D. enjenyè

9. Men tout travay; gwo oubyen piti, dwe _____ pase nan men ouvriye ki pi piti yo.
A. toutan
B. nomalman
C. chantye
D. ouvriye

10. Lè _____ ap bati, enjenyè pa ka rete toutan sou plas.
A. chantye
B. oubyen
C. fomann
D. toutan

**Ranpli espas vid la - Leson 14 - Bòs Fòmann - Vokabilè**

Non: _____ Klas: _____ Dat: _____

**Ekri mo ki koresponn nan espas vid ki nan fraz sa yo.**

1. Men tout _____; gwo oubyen piti, dwe nòmalman pase nan men ouvriye ki pi piti yo.

2. Fòmann nan la pou sipèvize detay travay yo, pandan enjenyè a ap sipèvize pi gwo nan travay la.

3. Lè chantye ap bati, enjenyè pa ka rete _____ sou plas.

4. Li bezwen yon bon _____.

5. Fòmann nan la pou sipvizè _____ travay yo.

6. Men tout travay; gwo oubyen piti, dwe _____ pase nan men ouvriye ki pi piti yo.

7. Men tout travay; gwo oubyen piti, dwe nòmalman pase nan men_____ ki pi piti yo.

8. Fòmann nan la pou sipèvizè detay travay yo, pandan _____ a ap sipèvize pi gwo moso nan travay la.

9. Lè _____ ap bati, enjenyè pa ka rete toutan sou plas.

10. Men tout travay; gwo _____ piti, dwe nòmalman pase nan men ouvriye ki pi piti yo.

<u>**Chwazi repons ou yo pami mo sa yo:**</u>

| | | | | | |
|---|---|---|---|---|---|
| fòmann | enjenyè | detay | moso | oubyen | toutan |
| travay | chantye | nomalman | ouvriye | | |

# Aktivite Leson 15

**Lòd alfabetik - Leson 15 - Yon Travay Faktori - Vèb ak ekspresyon**

Non: _____ Klas: _____ Dat: _____

**Ranpli sèk ki tou pre mo ki vini anpremye dapre lòd alfabetik**

1. O goumen
   O travay
   O leve

2. O mouri
   O goumen
   O fè

3. O nan bout di
   O mouri
   O goumen

4. O leve
   O nan bout di
   O manje

5. O manje
   O fè
   O goumen

6. O nan bout di
   O devore
   O pa pral

7. O goumen
   O fè
   O senyen

8. O senyen
   O pa pral
   O travay

9. O senyen
   O mouri grangou
   O pa pral

10. O pa pral
    O nan bout di
    O goumen

11. O leve
    O viv
    O senyen

12. O viv
    O mouri
    O manje

# Fè Koresponn - Leson 15 - Yon Travay Faktori - Vèb ak ekspresyon

Non: _____ Klas: _____ Dat: _____

**Nan chak espas ki nan fraz yo, mete lèt ki tou pre mo ki ka konplete fraz la pi byen.**

1. Nan travay sila a nou _____ boul bezbòl.         a. senyen

2. Yo pa byen _____.                                 b. leve

3. Anverite, moun sa yo se moun k'ap _____ ak lamizè.   c. pa pral

4. Manman malad li ka _____.                         d. goumen

5. Yo _____ bonè.                                    e. mouri

6. Menm kan dwèt yo ap _____ yo bije fè dyòb la.         f. manje

7. Yo di se swa yo _____ oubyen yo mouri.            g. devore

8. Anpil nan moun k'ap travay yo _____.              h. mouri grangou

9. M'ap _____ nan faktori.                               i. viv

10. Pafwa kout zegwi fin _____ tout dwèt yo.         j. nan bout di

11. Yo di se swa yo viv oubyen yo _____.             k. travay

12. Si yo pa fè li, Tidyo ak Anita _____ lekòl.          l. fè

# Chwa Miltip - Leson 15 - Yon Travay Faktori - Vèb ak ekspresyon

Non: _____ Klas: _____ Dat: _____

**Chak fraz gen yon mo ki manke. Ansèkle mo ki manke a.**

1. Anpil nan moun k'ap travay yo _____.
A. devore
B. senyen
C. nan bout di
D. goumen

2. Yo di se swa yo viv oubyen yo _____.
A. mouri
B. devore
C. viv
D. travay

3. M'ap _____ nan faktori.
A. devore
B. senyen
C. mouri grangou
D. travay

4. Nan travay sila a nou _____ boul bezbòl.
A. fè
B. goumen
C. mouri
D. leve

5. Si yo pa fè li, Tidyo ak Anita _____ lekòl.
A. fè
B. mouri
C. pa pral
D. travay

6. Yo di se swa yo _____ oubyen yo mouri.
A. viv
B. nan bout di
C. fè
D. leve

7. Manman malad li ka _____.
A. leve
B. mouri
C. goumen
D. mouri grangou

8. Yo _____ bonè.
A. goumen
B. manje
C. leve
D. travay

9. Yo pa byen _____.
A. viv
B. senyen
C. manje
D. mouri grangou

10. Menm kan dwèt yo ap _____ yo bije fè dyòb la.
A. senyen
B. nan bout di
C. devore
D. mouri grangou

11. Anverite, moun sa yo se moun k'ap _____ ak lamizè.
A. manje
B. senyen
C. goumen
D. devore

12. Pafwa kout zegwi fin _____ tout dwèt yo.
A. nan bout di
B. goumen
C. pa pral
D. devore

**Ranpli espas vid la - Leson 15 - Yon Travay Faktori - Vèb ak ekspresyon**

Non: _____ Klas: _____ Dat: _____

**Ekri mo ki koresponn nan espas vid ki nan fraz sa yo.**

1. Nan travay sila a nou _____ boul bezbòl.

2. Anpil nan moun k'ap travay yo _____.

3. Pafwa kout zegwi fin _____ tout dwèt yo.

4. Yo di se swa yo _____ oubyen yo mouri.

5. Menm kan dwèt yo ap _____ yo bije fe dyob la.

6. Yo pa byen _____.

7. Yo _____ bonè.

8. Anverite, moun sa yo se moun k'ap _____ ak lamizè.

9. Si yo pa fe li, Tidyo ak Anita _____ lekòl.

10. Manman malad li ka _____.

11. Yo di se swa yo viv oubyen yo _____.

12. M'ap _____ nan faktori.

**Chwazi repons ou yo pami mo sa yo:**

| | | | |
|---|---|---|---|
| travay | mouri grangou | fè | viv |
| manje | mouri | goumen | senyen |
| pa pral | devore | leve | nan bout di |

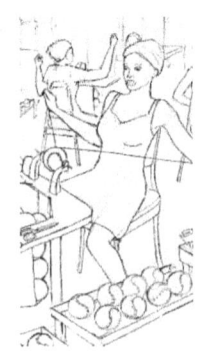

146

# Rechèch Mo - Leson 15 - Yon Travay Faktori - Vèb ak ekspresyon

Non: _____ Klas: _____ Dat: _____

**Eseye jwenn mo ki kache yo.**

```
Q C G U A Y O Z D V Y L K B L Q
Z M L I K Z U U D C L K H A E A
O E F L S K Z P B Q X A D R K L
W J W R U G T D Z Y J P O M O U
L A M I Z E Q O X B E Z B O L B
T D M W R S P C D C J N K M I Q
P B B L T P Z O Q I C U N O P S
W F Y G V O D U L H S I E E M R
M O Z E G W I I H E M L G G H Y
D M O U N D N F A K T O R I T V
B X U G M E C G D E S D R Y R N
H Q X Z O A G B Y L K Z N B A E
O B H J G D L L O I S M S N O H
Z W Q K C I O A B N H D O F H D
I F D G H P U Q D M L M M M Y J
R P X L X B G C M E B G V R V P
```

**Chwazi pami mo sa yo:**

| | | | | | | |
|---|---|---|---|---|---|---|
| zegwi | bezbòl | bonè | lamizè | oubyen | lekòl | faktori |
| byen | moun | dyòb | malad | | | |

**Lòd alfabetik - Leson 15 - Yon Travay Faktori - Vokabilè**

Non: _____ Klas: _____ Dat: _____

**Ranpli sèk ki tou pre mo ki vini anpremye dapre lòd alfabetik epi ekri mo a.**

1. ○ pral
   ○ vwayaje
   ○ tcheke

2. ○ fè
   ○ sanble
   ○ antre

3. ○ pral
   ○ pran
   ○ fè

4. ○ fè
   ○ rantre
   ○ jwenn

5. ○ tcheke
   ○ fin gen
   ○ rantre

6. ○ rive
   ○ mande
   ○ fin gen

7. ○ jwenn
   ○ fin gen
   ○ rantre

8. ○ tcheke
   ○ fè
   ○ jwenn

9. ○ pral
   ○ rive
   ○ antre

10. ○ mande
    ○ rantre
    ○ pran

11. ○ pran
    ○ pral
    ○ fè

12. ○ mande
    ○ tcheke
    ○ fin gen

# Lòd alfabetik - Leson 15 - Yon Travay Faktori - Vokabilè

Non: _____ Klas: _____ Dat: _____

**Nan chak espas ki nan fraz yo, mete lèt ki tou pre mo ki ka konpiete fraz la pi byen.**

1. Anpil nan _____ k'ap travay yo nan bout di.          a. moun

2. Yo pa _____ manje.                                    b. faktori

3. Nan travay sila a nou fè boul_____.                   c. bonè

4. Si yo pa fè li, Tidyo ak Anita pa pral_____.          d. malad

5. Pafwa kout _____ fin devore tout dwèt yo.             e. bezbòl

6. Anverite, moun sa yo se moun k'ap goumen ak _____.    f. oubyen

7. Yo di se swa yo viv _____ yo mouri.                   g. lamizè

8. M'ap travay nan _____.                                h. lekòl

9. Manman _____ li ka mouri grangou.                     i. zegwi

10. Menm kan dwèt yo ap senyen yo bije fè _____ la.      j. dyòb

11. Yo leve _____.                                        k. byen

**Chwa Miltip - Leson 15 - Yon Travay Faktori - Vokabilè**

Non: _____ Klas: _____ Dat: _____

**Chak fraz gen yon mo ki manke. Ansèkle mo ki manke a.**

1. Anpil nan _____ k'ap travay yo nan bout di.
A. dyòb
B. faktori
C. moun
D. lekòl

2. Yo di se swa yo viv _____ yo mouri.
A. byen
B. faktori
C. oubyen
D. dyòb

3. Nan travay sila a nou fè boul _____.
A. zegwi
B. bone
C. bezbòl
D. faktori

4. Menm kan dwèt yo ap senyen yo bije fè _____ la.
A. zegwi
B. lamizè
C. dyòb
D. bonè

5. Anverite, moun sa yo se moun k'ap goumen ak _____.
A. bezbòl
B. lamizè
C. bonè
D. dyòb

6. Yo pa _____ manje.
A. bonè
B. malad
C. byen
D. bezbòl

7. Yo leve _____.
A. bezbòl
B. lekòl
C. bonè
D. malad

8. Manman _____ li ka mouri grangou.
A. moun
B. bonè
C. bezbòl
D. malad

9. Si yo pa fè li, Tidyo ak Anita pa pral _____.
A. lamizè
B. lekòl
C. faktori
D. bonè

10. M'ap travay nan _____.
A. dyòb
B. faktori
C. zegwi
D. malad

11. Pafwa kout _____ fin devore tout dwèt yo.
A. lekòl
B. zegwi
C. bonè
D. moun

# Ranpli espas vid la - Leson 15 - Yon Travay Faktori - Vokabilè

Non: _____ Klas: _____ Dat: _____

**Ekri mo ki koresponn nan espas vid ki nan fraz sa yo**

1. Menm kan dwèt yo ap senyen yo bije fè _____ la.

2. Anverite, moun sa yo se moun k'ap goumen ak _____.

3. Pafwa kout _____ fin devore tout dwèt yo.

4. Anpil nan _____ k'ap travay yo nan bout di.

5. M'ap travay nan _____.

6. Manman _____ li ka mouri grangou.

7. Yo pa _____ manje.

8. Nan travay sila a nou fè boul _____.

9. Si yo pa fè li, Tidyo ak Anita pa pral _____.

10. Yo di se swa yo viv _____ yo mouri.

11. Yo leve _____.

## Chwazi repons ou yo pami mo sa yo:

| | | | | | | |
|---|---|---|---|---|---|---|
| lekòl | bezbòl | oubyen | zegwi | byen | moun | lamizè |
| faktori | dyòb | malad | bonè | | | |

# Aktivite Leson 16
## Lòd alfabetik - Leson 16 - Yon Kous Moto - Vèb ak ekspresyon

Non: _____ Klas: _____ Dat: _____

**Ranpli sèk ki tou pre mo ki vini anpremye dapre lòd alfabetik epi ekri mo a.**

1. O konnen
   O pèdi
   O pran

2. O pèdi
   O renmen
   O fè mouvman

3. O pral
   O pèdi
   O konnen

4. O fè mouvman
   O pral
   O konnen

5. O kòk kalite
   O pral
   O fè mouvman

6. O pran
   O renmen
   O double

7. O konnen
   O renmen
   O fè mouvman

8. O double
   O pèdi
   O fè mouvman

9. O renmen
   O kòk kalite
   O genyen

# Fè Koresponn - Leson 16 - Yon Kous Moto - Vèb ak ekspresyon

Non: _____ Klas: _____ Dat: _____

**Nan chak espas ki nan fraz yo, mete lèt ki tou pre mo ki ka konplete fraz la pi byen.**

1. De motosiklis yo _____ wout la tankou de kòk kalite ki pral nan gagè.

   a. renmen

2. Pafwa li telman fè mouvman, li ba moun kèk kalot san li pa _____.

   b. genyen

3. De motosiklis yo pran wout la tankou de kòk kalite ki_____ nan gagè.

   c. fè mouvman

4. Ti frè mwen an _____ sa anpil.

5. Pafwa li tèlman _____, li ba moun kèk kalòt san li pa konnen.   d. pran

6. Li renmen wè lè yon moto ap _____ yon lòt, lè motosiklis    e. pèdi
   la panche prèt pou tonbe.

7. Lè moto pa li a _____, li kontan anpil.    f. double

8. Anpil fwa li kite manje lakay li pou li pa _____ anyen.    g. pral

9. De motosiklis yo pran wout la tankou de _____     h. konnen
   ki pral nan gagè.

   i. kòk kalite

# Chwa Miltip - Leson 16 - Yon Kous Moto - Vèb ak ekspresyon

Non: _____ Klas: _____ Dat: _____

**Chak fraz gen yon mo ki manke. Ansèkle mo ki manke a.**

1. Pafwa li tèlman fè mouvman, li ba moun kèk kalòt san li pa _____.
A. genyen
B. double
C. renmen
D. konnen

2. Ti frè mwen an _____ sa anpil.
A. renmen
B. pran
C. pral
D. pèdi

3. De motosiklis yo pran wout la tankou de _____ ki pral nan gagè.
A. kòk kalite
B. pran
C. double
D. renmen

4. Anpil fwa li kite manje lakay li pou li pa _____ anyen.
A. konnen
B. double
C. pèdi
D. pral

5. Pafwa li tèlman _____, li ba moun kèk kalòt san li pa konnen.
A. fè mouvman
B. pral
C. pèdi
D. konnen

6. De motosiklis yo pran wout la tankou de kòk kalite ki_____ nan gagè.
A. genyen
B. fè mouvman
C. pral
D. konnen

7. Li renmen wè lè yon moto ap _____ yon lòt, lè motosiklis la panche prèt pou tonbe.
A. fè mouvman
B. double
C. pral
D. konnen

8. De motosiklis yo _____ wout la tankou de kòk kalite ki pral nan gagè.
A. double
B. konnen
C. genyen
D. pran

9. Lè moto pa li a _____, li kontan anpil.
A. genyen
B. renmen
C. pran
D. fè mouvman

**Ranpli espas vid la - Leson 16 - Yon Kous Moto - Vèb ak ekspresyon**

Non: _____ Klas: _____ Dat: _____

**Ekri mo ki koresponn nan espas vid ki nan fraz sa yo**

1. Pafwa li tèlman fè mouvman, li ba moun kèk kalòt san li pa _____.

2. Pafwa li tèlman _____, li ba moun kèk kalòt san li pa konnen.

3. Li renmen wè lè yon moto ap _____ yon lòt, lè motosiklis la panche prèt pou tonbe.

4. De motosiklis yo pran wout la tankou de _____ ki pral nan gagè.

5. De motosiklis yo _____ wout la tankou de kòk kalite ki pral nan gagè.

6. Lè moto pa li a _____, li kontan anpil.

7. Ti frè mwen an _____ sa anpil.

8. Anpil fwa li kite manje lakay li pou li pa _____ anyen.

9. De motosiklis yo pran wout la tankou de kòk kalite ki _____ nan gagè.

**Chwazi repons ou yo pami mo sa yo:**

| | | | | |
|---|---|---|---|---|
| double | kòk kalite | pran | genyen | pèdi |
| renmen | fè mouvman | pral | konnen | |

**Lòd alfabetik - Leson 16 - Yon Kous Moto - Vokabilè**

Non: _____  Klas: _____ Dat: _____

**Ranpli sèk ki tou pre mo ki vini anpremye dapre lòd alfabetik epi ekri mo a.**

1. O kontan
   O motosiklis
   O kalòt

2. O frè
   O mouvman
   O gagè

3. O kontan
   O gagè
   O manje

4. O gagè
   O tankou
   O kontan

5. O tankou
   O moto
   O frè

6. O moto
   O kontan
   O motosiklis

7. O kalòt
   O moto
   O kontan

8. O mouvman
   O manje
   O kalòt

9. O kalòt
   O mouvman
   O moto

# Fè Koresponn - Leson 16 - Yon Kous Moto - Vokabilè

Non: _____ Klas: _____ Dat: _____

**Nan chak espas ki nan fraz yo, mete lèt ki tou pre mo ki ka konpiete fraz la pi byen.**

1. De motosiklis yo pran wout la tankou de kòk kalite ki pral nan _____.

    a. tankou

2. Pafwa li tèlman fè mouvman, li ba moun kèk _____ san li pa konnen.

    b. motosiklis

3. De _____ yo pran wout la tankou de kòk kalite ki pral nan gagè.

    c. mouvman

4. Ti_____ mwen an renmen sa anpil.

    d. frè

5. Pafwa li tèlman fè _____, li ba moun kèk kalòt san li pa konnen.

    e. moto

6. Li renmen wè lè yon _____ ap double yon lòt, lè motosiklis la panche prèt pou tonbe.

    f. kalòt

7. Anpil fwa li kite _____ lakay li pou li pa pèdi anyen.

    g. manje

8. Lè moto pa li a genyen, li _____ anpil.

    h. kontan

9. De motosiklis yo pran wout la _____ de kòk kalite ki pral nan gagè.

    i. gagè

**Chwa Miltip - Leson 16 - Yon Kous Moto - Vokabilè**

Non: _____ Klas: _____ Dat: _____

**Chak fraz gen yon mo ki manke. Ansèkle mo ki manke a.**

1. Anpil fwa li kite _____ lakay li pou li pa pèdi anyen.
   A. tankou
   B. gagè
   C. kontan
   D. manje

2. De _____ yo pran wout la tankou de kòk kalite ki pral nan gagè.
   A. kontan
   B. gagè
   C. motosiklis
   D. tankou

3. De motosiklis yo pran wout la tankou de kòk kalite ki pral nan _____
   A. mouvman
   B. gagè
   C. motosiklis
   D. moto

4. Pafwa li tèlman fè mouvman, li ba moun kèk _____ san li pa konnen.
   A. moto
   B. manje
   C. kalòt
   D. motosiklis

5. Ti _____ mwen an renmen sa anpil.
   A. frè
   B. kalòt
   C. tankou
   D. moto

6. Li renmen wè lè yon _____ ap double yon lòt, lè motosiklis la panche prèt pou tonbe.
   A. manje
   B. motosiklis
   C. moto
   D. tankou

7. De motosiklis yo pran wout la _____ de kòk kalite ki pral nan gage.
   A. tankou
   B. moto
   C. kontan
   D. frè

8. Lè moto pa li a genyen, li _____ anpil.
   A. manje
   B. kontan
   C. frè
   D. motosiklis

9. Pafwa li tèlman fè _____, li ba moun kèk kalòt san li pa konnen,
   A. frè
   B. manje
   C. gagè
   D. mouvma

# Ranpli espas vid la - Leson 16 - Yon Kous Moto - Vokabilè

Non: _____ Klas: _____ Dat: _____

**Ekri mo ki koresponn nan espas vid ki nan fraz sa yo.**

1. De motosiklis yo pran wout la _____ de kòk kalite ki pral nan gagè.

2. Anpil fwa li kite _____ lakay li pou li pa pèdi anyen.

3. Pafwa li tèlman fè _____, li ba moun kèk kalòt san li pa konnen.

4. Pafwa li tèlman fè mouvman, li ba moun kèk _____ san li pa konnen.

5. De _____ yo pran wout la tankou de kòk kalite ki pral nan gagè,

6. De motosiklis yo pran wout la tankou de kòk kalite ki pral nan _____.

7. Li renmen wè lè yon _____ ap double yon lòt, lè motosiklis la panche prèt pou tonbe.

8. Ti _____ mwen an renmen sa anpil.

9. Lè moto pa li a genyen, li _____ anpil.

**Chwazi repons ou yo pami mo sa yo:**

| | | | | | |
|---|---|---|---|---|---|
| kalòt | frè | tankou | kontan | manje | motosiklis |
| mouvman | moto | gagè | | | |

# Aktivite Leson 17

**Lòd alfabetik - Leson 17 - Nan Makèt La - Vèb ak ekspresyon**

Non: _____ Klas: _____ Dat: _____

**Ranpli sèk ki tou pre mo ki vini anpremye dapre lòd alfabetik epi ekri mo a.**

1. O tcheke
   O enspekte
   O renmen

2. O enspekte
   O tcheke
   O achte

3. O manyen
   O tcheke
   O ale

4. O tcheke
   O mache
   O renmen

5. O manyen
   O mache
   O achte

6. O tcheke
   O pote
   O gade

7. O mache
   O achte
   O enspekte

8. O manyen
   O fè
   O gade

9. O pote
   O mache
   O ale

10. O achte
    O fè
    O pote

| **Fè Koresponn - Leson 17 - Nan Makèt La - Vèb ak ekspresyon** |
|---|
| Non: _____ Klas: _____ Dat: _____ |

**Nan chak espas ki nan fraz yo, mete lèt ki tou pre mo ki ka konpiete fraz la pi byen.**

1. Li gade adwat, li _____ agoch, li manyen bwat lèt yo.      a. gade

2. Li gade pouf yo dèye vitrin, li _____ sache diri ak mayi yo.   b. tcheke

3. Li renmen achte janbon ak montadèl you _____ sandwitch.    c. achte

4. Gran sè mwen an _____ fè makèt.      d. mache

5. Li _____ vyann yo.      e. pate

6. Li _____ anndan tout makèt la anvan li achte.      f. fè

7. Poukisa? Paske li renmen achte, men li pa renmen _____.      g. manyen

8. Li renmen _____ ak Yabout, ti frè mwen an.      h. enspekte

9. Li gade adwat, li gade agoch, li _____ bwat lèt yo.      i. ale

10. Li mache anndan tout makèt la anvan li _____.      j. renmen

# Chwa Miltip - Leson 17 - Nan Makèt La - Vèb ak ekspresyon

Non: _____ Klas: _____ Dat: _____

**Chak fraz gen yon mo ki manke. Ansèkle mo ki manke a.**

1. Li renmen achte janbon ak montadèl pou _____ sandwitch.
   A. pote
   B. gade
   C. achte
   D. fè

2. Li renmen _____ ak Yabout, ti frè mwen an.
   A. pote
   B. ale
   C. tcheke
   D. achte

3. Gran sè mwen an _____ fè makèt.
   A. renmen
   B. tcheke
   C. fè
   D. pote

4. Li mache anndan tout makèt la anvan li _____.
   A. enspekte
   B. ale
   C. fè
   D. achte

5. Li _____ anndan tout makèt la anvan li achte.
   A. pote
   B. mache
   C. manyen
   D. gade

6. Li _____ vyann yo.
   A. enspekte
   B. manyen
   C. tcheke
   D. renmen

7. Li gade adwat, li _____ agoch, li manyen bwat lèt yo.
   A. manyen
   B. enspekte
   C. pote
   D. gade

8. Li gade adwat, li gade agoch, li _____ bwat lèt yo.
   A. manyen
   B. ale
   C. achte
   D. pote

9. Li gade poul yo dèye vitrin, li _____ sache diri ak mayi yo.
   A. achte
   B. tcheke
   C. pote
   D. gade

10. Poukisa? Paske li renmen achte, men li pa renmen _____.
    A. enspekte
    B. fè
    C. pote
    D. renmen

**Ranpli espas vid la - Leson 17 - Nan Makèt La - Vèb ak ekspresyon**

Non: _____ Klas: _____ Dat: _____

**Ekri mo ki koresponn nan espas yid ki nan fraz sa yo.**

1. Li gade adwat, li _____ agoch, li manyen bwat lèt yo.

2. Li gade poul yo dèye vitrin, li _____ sache diri ak mayi yo.

3. Li gade adwat, li gade agoch, li _____bwat lèt yo.

4. Li _____ vyann yo.

5. Gran sè mwen an _____ fè makèt.

6. Li renmen _____ ak Yabout, ti frè mwen an.

7. Li renmen achte janbon ak montadèl you _____ sandwitch.

8. Li _____ anndan tout makèt la anvan li achte.

9. Poukisa? Paske li renmen achte, men li pa renmen_____.

10. Li mache anndan tout makèt la anvan li _____.

**Chwazi repons ou yo pami mo sa yo:**

| | | | | | |
|---|---|---|---|---|---|
| achte | fè | enspekte | ale | pote | renmen |
| gade | tcheke | mache | manyen | | |

163

**Lòd alfabetik - Leson 17 - Nan Makèt La - Vokabilè**

Non: _____  Klas: _____  Dat: _____

**Ranpli sèk ki tou pre mo ki vini anpremye dapre lòd alfabetik epi ekri mo a.**

1. O makèt
   O anndan
   O montadèl

2. O anndan
   O frè
   O montadèl

3. O mayi
   O manyen
   O montadèl

4. O vitrin
   O makèt
   O mayi

5. O sandwitch
   O anvan
   O manyen

6. O diri
   O agoch
   O montadèl

7. O adwat
   O sandwitch
   O janbon

8. O diri
   O agoch
   O janbon

9. O adwat
   O mayi
   O markèt

10. O vyann
    O janbon
    O mayi

11. O Paske
    O montadèl
    O diri

12. O montadèl
    O frè
    O sandwitch

    ................................................................

    _____

    _____

13. O makèt
    O Paske
    O janbon

    ................................................................

    _____

14. O janbon
    O montadèl
    O anvan

    ................................................................

    _____

15. O vyann
    O sandwitch
    O manyen

    ................................................................

    _____

**Fè Koresponn - Leson 17 - Nan Makèt La - Vokabilè**

Non: _____ Klas: _____ Dat: _____

**Nan chak espas ki nan fraz yo, mete lèt ki tou pre mo ki ka konplete fraz la pi byen.**

| | | |
|---|---|---|
| 1. | Li gade adwat, li gade agoch, li_____bwat lèt yo. | a. agoch |
| 2. | Gran sè mwen an renmen fè_____. | b. Paske |
| 3. | Li gade poul yo dèyè _____, li tcheke sache did ak mayi yo. | c. vitrin |
| 4. | Li gade _____, li gade agoch, li manyen bwat lèt yo. | d. adwat |
| 5. | Li enspekte_____yo. | e. mayi |
| 6. | Li gade poul yo dèyè vitrin, li tcheke sache did ak_____yo. | f. frè |
| 7. | Li gade poul yo dèyè vitrin, li tcheke sache_____ak mayi yo. | g. anvan |
| 8. | Li renmen achte janbon ak montadèl pou fè _____. | h. vyann |
| 9. | Li renmen achte _____ak montadèl pou fè sandwitch. | i. anndan |
| 10. | Li mache anndan tout makèt la_____li achte. | j. makèt |
| 11. | Li mache_____tout makèt la anvan li achte. | k. montadèl |
| 12. | Li gade adwat, li gade_____, li manyen bwat lèt yo. | l. manyen |
| 13. | Li renmen achte janbon ak_____pou fè sandwitch. | m. janbon |
| 14. | Li renmen ale ak Yabout, ti _____ mwen an. | n. diri |
| 15. | Poukisa? _____ li renmen achte, men li pa renmen pote. | o. sandwitch |

# Chwa Miltip - Leson 17 - Nan Makèt La - Vokabilè

Non: _____ Klas: _____ Dat: _____

**Chak fraz gen yon mo ki manke. Ansèkle mo ki manke a.**

1. Poukisa? _____ li renmen achte, men li pa renmen pote.
   A. manyen
   B. vyann
   C. sandwitch
   D. Paske

2. Li enspekte _____ yo.
   A. vyann
   B. manyen
   C. makèt
   D. sandwitch

3. Li renmen achte janbon ak _____ pou fè sandwitch.
   A. montadel
   B. frè
   C. janbon
   D. Paske

4. Li mache anndan tout makèt la ____ li achte.
   A. sandwitch
   B. adwat
   C. vyann
   D. anvan

5. Li gade poul yo dèyè vitrin, li tcheke sache did ak _____ yo.
   A. mayi
   B. adwat
   C. anvan
   D. frè

6. Li gade _____, li gade agoch, li manyen bwat lèt yo.
   A. sandwitch
   B. adwat
   C. anvan
   D. vitrin

7. Gran sè mwen an renmen fè _____.
   A. anvan
   B. diri
   C. makèt
   D. vyann

8. Li gade adwat, li gade _____, li manyen bwat lèt yo.
   A. agoch
   B. mayi
   C. manyen
   D. Paske

9. Li renmen achte janbon ak montadèl pou fè _____.
   A. sandwitch
   B. anvan
   C. janbon
   D. vitrin

10. Li gade poul yo dèyè vitrin, li tcheke sache _____ ak mayi yo.
    A. frè
    B. agoch
    C. diri
    D. Paske

11. Li gade poul yo dèyè _____, li tcheke sache diri ak mayi yo.
    A. vitrin
    B. sandwitch
    C. vyann
    D. diri

12. Li mache _____ tout makèt la anvan li achte.
    A. anvan
    B. sandwitch
    C. mayi
    D. anndan

13. Li renmen achte _____ ak montadèl pou fè sandwitch.
    A. manyen
    B. diri
    C. mayi
    D. janbon

14. Li gade adwat, li gade agoch, li _____ bwat lèt yo.
    A. janbon
    B. manyen
    C. fre
    D. agoch

15. Li renmen ale ak Yabout, ti _____ mwen an.
    A. frè
    B. sandwitch
    C. vitrin
    D. Paske

**Ranpli espas vid la - Leson 17 - Nan Makèt La - Vokabilè**

Non: _____ Klas: _____ Dat: _____

Ekri mo ki koresponn nan espas vid ki nan fraz sa yo.

1. Li gade adwat, li gade agoch, li _____ bwat lèt yo.

2. Li enspekte _____ yo.

3. Li gade poul yo dèyè vitrin, li tcheke sache _____ ak mayi yo.

4. Li renmen ale ak Yabout, ti _____ mwen an.

5. Li mache _____ tout makèt la anvan li achte,

6. Li mache anndan tout makèt la _____ li achte.

7. Li gade poul yo dèyè _____, li tcheke sache diri ak mayi yo.

8. Gran sè mwen an renmen fè _____.

9. Li gade poul yo deye vitrin, li tcheke sache diri ak _____ yo.

10. Li gade _____, li gade agoch, li manyen bwat lèt yo.

11. Poukisa? _____ li renmen achte, men li pa renmen pote.

12. Li gade adwat, li gade _____, li manyen bwat lèt yo.

13. Li renmen achte _____ ak montadèl pou fè sandwitch.

14. Li renmen achte janbon ak _____ pou fè sandwitch.

15. Li renmen achte janbon ak montadèl pou fè _____.

<u>Chwazi repons ou yo pami mo sa yo:</u>

| | | | | | |
|---|---|---|---|---|---|
| Paske | vitrin | frè | vyann | montadèl | janbon |
| makèt | mayi | agoch | adwat | anvan | sandwitch |
| diri | anndan | manyen | | | |

# Aktivite Leson 18

**Lòd alfabetik - Leson 18 - Monte Bisiklèt - Vèb ak ekspresyon**

Non: _____ Klas: _____ Dat: _____

**Ranpli sèk ki tou pre mo ki vini anpremye dapre lòd alfabetik epi ekri mo a.**

1. O pran
   O panse
   O monte

2. O renmen
   O dekouraje
   O tonbe

3. O se
   O pran
   O kite

4. O kouri
   O panse
   O kenbe

5. O panse
   O kenbe
   O tonbe

6. O dekouraje
   O renmen
   O pran

7. O kenbe
   O monte
   O dekouraje

8. O panse
   O kite
   O renmen

9. O se
   O pran
   O kenbe

10. O pran
    O renmen
    O tonbe

# Fè Koresponn - Leson 18 - Monte Bisiklèt - Vèb ak ekspresyon

Non: _____ Klas: _____ Dat: _____

**Nan chak espas ki nan fraz yo, mete lèt ki tou pre mo ki ka konplete fraz la pi byen.**

1. Men kounyeya Tijan _____ gwo drayvè.  a. tonbe

2. Apre sa se te _____ bekan nan san pèsonn pa kenbe li.  b. renmen

3. Anvan sa li pa te janm panse li te ka kouri yon bagay de wou san li pa ___ _____.  c. kite

4. Apre sa se te kouri bekàn nan san pèsonn pa _____ li.  d. pran

5. Tijan _____ anpil so.  e. kenbe

6. Sa ki te pi difisil you li nan yon premye tan se te _____ pye li sou pedal.  f. monte

7. Men li pa te _____.  g. se

8. Anvan sa li pa te janm _____ li te ka kouri yon bagay de wou san li pa tonbe.  h. dekouraje

9. Anvan Tijan te konn _____ bisiklèt, li pase anpil mizè.  I. panse

10. Li _____ sa, se sa ki fè li pa te dekouraje.  j. kouri

**Chwa Miltip - Leson 18 - Monte Bisiklèt - Vèb ak ekspresyon**

Non: _____ Klas: _____ Dat: _____

**Chak fraz gen yon mo ki manke. Ansèlkle mo ki manke a.**

1. Li _____ sa, se sa ki fè li pa te dekouraje.
A. renmen
B. dekouraje
C. kite
D. kenbe

2. Men kounyeya Tijan _____ gwo drayvè.
A. kouri
B. se
C. monte
D. tonbe

3. Anvan sa li pa te janm _____ li te ka kouri yon bagay de wou san li pa tonbe.
A. renmen
B. kouri
C. se
D. panse

4. Apre sa se te kouri bekan nan san pèsonn pa _____ li.
A. se
B. kite
C. pran
D. kenbe

5. Tijan _____ anpil so.
A. monte
B. kenbe
C. pran
D. se

6. Anvan Tijan te konn _____ bisiklèt, li pase anpil mizè.
A. tonbe
B. pran
C. renmen
D. monte

7. Sa ki te pi difisil you li nan yon premye tan se te _____ pye li sou pedal.
A. renmen
B. kite
C. monte
D. tonbe

8. Men li pa te _____.
A. dekouraje
B. kite
C. panse
D. renmen

9. Apre sa se te _____ bekán nan san pèsonn pa kenbe li.
A. kouri
B. panse
C. kenbe
D. kite

10. Anvan sa li pa te janm panse li te ka kouri yon bagay de wou san li pa _____.
A. dekouraje
B. renmen
C. panse
D. tonbe

**Ranpli espas vid la - Leson 18 - Monte Bisiklèt - Vèb ak ekspresyon**

Non: _____ Klas: _____ Dat: _____

Ekri mo ki koresponn nan espas yid ki nan fraz sa yo.

1. Men li pa te _____.

2. Anvan sa li pa te janm panse li te ka kouri yon bagay de wou san li pa_____ _____.

3. Apre sa se te kouri bekàn nan san pèsonn pa _____ li.

4. Anvan sa li pa te janm _____ li te ka kouri yon bagay de wou san pa tonbe.

5. Anvan Tijan te konn _____ bisiklèt, li pase anpil mizè.

6. Tijan _____ anpil so.

7. Apre sa se te _____ bekàn nan san pèsonn pa kenbe li.

8. Sa ki te pi difisil you li nan yon premye tan se te _____ pye li sou pedal.

9. Men kounyeya Tijan _____ gwo drayvè.

10. Li _____ sa, se sa ki fè li pa te dekouraje.

**Chwazi repons ou yo pami mo sa yo:**

| | | | | | |
|---|---|---|---|---|---|
| renmen | kenbe | kouri | se | pran | monte |
| tonbe | panse | kite | dekouraje | | |

# Lòd alfabetik - Leson 18 - Monte Bisiklèt - Vokabilè

Non: _____ Klas: _____ Dat: _____

**Ranpli sèk ki tou pre mo ki vini anpremye dapre lòd alfabetik epi ekri mo a.**

1. O bisiklèt
   O bagay
   O dekouraje
   ............................................................

2. O bekàn
   O dekouraje
   O difisil
   ............................................................

3. O difisil
   O bagay
   O dekouraje
   ............................................................

4. O difisil
   O bekàn
   O Men
   ............................................................

5. O wou
   O Men
   O pèsonn
   ............................................................

6. O anpil
   O difisil
   O bagay
   ............................................................

7. O bagay
   O pèsonn
   O Men
   ............................................................

8. O bagay
   O anpil
   O wou
   ............................................................

9. O kounyeya
   O wou
   O pèsonn
   ............................................................

10. O bisiklèt
    O Men
    O tou
    ............................................................

11. O bagay
    O anpil
    O Men
    ............................................................

# Fè Koresponn - Leson 18 - Monte Bisiklèt - Vokabilè

Non: _____ Klas: _____ Dat: _____

**Nan chak espas ki nan fraz yo, mete lèt ki tou pre mo ki ka konpiete fraz la pi byen.**

1. Ou kapab monte _____ !  a. kounyeya

2. _____ li pa te dekouraje.  b. tou

3. Sa ki te pi _____ you li nan yon premye tan se te kite pye li sou pedal.  c. Men

4. Anvan Tijan te konn monte _____, li pase anpil mizè.  d. dekouraje

5. Tijan pran _____ so.  e. pèsonn

6. Men _____ Tijan se gwo drayvè.  f. anpil

7. Anvan sa li pa te janm panse li te ka kouri yon _____ de wou san li pa tonbe.  g. bagay

8. Apre sa se te kouri bekan nan san _____ pa kenbe.  h. bekàn

9. Apre sa se te kouri _____ nan san pesonn pa kenbe li.  i. wou

10. Li renmen sa, se sa ki fè li pa te _____.  j. bisiklèt

11. Anvan sa li pa te janm panse li te ka kouri yon bagay de _____ san li pa tonbe.  k. difisil

**Chwa Miltip - Leson 18 - Monte Bisiklèt - Vokabilè**

Non: _____ Klas: _____ Dat: _____

**Chak fraz gen yon mo ki manke. Ansèkle mo ki manke a.**

1. Men _____ Tijan se gwo drayvè.
A. bisiklèt
B. kounyeya
C. pèsonn
D. bekàn

2. Sa ki te pi _____ you li nan yon premye tan se te kite pye li sou pedal.
A. tou
B. bekàn
C. difisil
D. bisiklèt

3. Apre sa se te kouri bekàn nan san _____ pa kenbe li.
A. pèsonn
B. bekàn
C. bagay
D. tou

4. Apre sa se te kouri _____ nan san pèsonn pa kenbe li.
A. Men
B. wou
C. bekàn
D. bisiklèt

5. Anvan Tijan te konn monte _____, li pase anpil mizè.
A. bisiklèt
B. anpil
C. difisil
D. pèsonn

6. Anvan sa li pa te janm panse li te ka kouri yon _____ de wou san li pa tonbe.
A. difisil
B. bekàn
C. Men
D. bagay

7. _____ li pa te dekouraje.
A. dekouraje
B. wou
C. kounyeya
D. Men

8. Ou kapab monte _____!
A. wou
B. anpil
C. tou
D. pèsonn

9. Li renmen sa, se sa ki fè li pa te _____.
A. dekouraje
B. Men
C. difisil
D. bagay

10. Tijan pran _____ so.
A. bekàn
B. anpil
C. wou
D. bisiklèt

11. Anvan sa li pa te janm panse li te ka kouri yon bagay de _____ san li pa tonbe.
A. dekouraje
B. tou
C. wou
D. Men

**Ranpli espas vid la - Leson 18 - Monte Bisiklèt - Vokabilè**

Non: _____ Klas: _____ Dat: _____

**Ekri mo ki koresponn nan espas yid ki nan fraz sa yo.**

1. Tijan pran _____ so.

2. Apre sa se te kouri _____ nan san pèsonn pa kenbe li.

3. Anvan sa li pa te janm panse li te ka kouri yon bagay de _____ san li pa tonbe.

4. Anvan sa li pa te janm panse li te ka kouri yon _____ de wou san li pa tonbe.

5. Sa ki te pi _____ pou li nan yon premye tan se te kite pye li sou pedal.

6. _____ li pa te dekouraje.

7. Apre sa se te kouri bekàn nan san _____ pa kenbe li.

8. Li renmen sa, se sa ki fè li pa te _____.

9. Ou kapab monte _____!

10. Men _____ Tijan se gwo drayvè.

11. Anvan Tijan te konn monte _____, li pase anpil mizè.

**Chwazi repons ou yo pami mo sa yo:**

| kounyeya | bekàn | anpil | tou | bisiklèt | bagay |
| difisil | dekouraje | Men | pèsonn | wou | |

# Aktivite Leson 19

**Lòd alfabetik - Leson 19 - Nan Mache - Vèb ak ekspresyon**

Non: _____ Klas: _____ Dat: _____

**Ranpli sèk ki tou pre mo ki vini anpremye dapre lòd alfabetik epi ekri mo a.**

1. O rasanble
   O achte
   O mete

2. O rasanble
   O grandi
   O mete

3. O vini
   O yo tout byen bèl
   O renmen

4. O reyini
   O renmen
   O achte

5. O achte
   O mete
   O rasanble

6. O vini
   O rasanble
   O santi bon

7. O reyini
   O mete
   O gen

8. O gen
   O mete
   O yo tout byen bèl

9. O renmen
   O yo tout byen fre
   O mete

10. O yo tout byen fre
    O gen
    O grandi

11. O renmen
    O santi bon
    O yo tout byen bèl

12. O grandi
    O santi bon
    O achte

| Fè Koresponn - Leson 19 - Nan Mache - Vèb ak ekspresyon |
|---|
| Non: _____ Klas: _____ Dat: _____ |

**Nan chak espas ki nan fraz yo, mete lèt ki tou pre mo ki ka konplete fraz la pi byen**

1. Men, nan mache a _____ anpil lòt bagay; gen viv, tankou bannann, patat, yanm.      a. achte

2. Fwi, tankou mango, zaboka, zoranj, kenèp, siwèl, sapoti, ... bèl_____, yo tout byen fre , byen santi bon.     b. yo tout byen

3. Fwi, tankou mango, zaboka, zoranj, kenèp, siwèl, sapoti, ...yo tout byen bèl, _____, byen santi bon.     c. renmen

4. Pratik yo oubyen achtè gen anpil pou yo _____.     d. mete

5. Genyen ki vin sou bèt, anpil _____ apye tou.     e. vini

6. Nou _____ mache, se li ki to grandi paran nou yo, se li ki grandi nou tou.     f. yo tout byen fre

7. Machann ki soti nan tout bouk yo _____ansanm.     g. reyini

8. Se yon plas ki _____ anpil chalè nan kè.     h. grandi

9. Yo tout _____, yo tout ap vann.     i. rasanbie

10. Fwi, tankou mango, zaboka, zoranj, kenèp, siwèl, sapoti, ...yo tout byen bèl, yo tout byen fre, byen _____.     j. gen

11. Nou renmen mache, se li ki to grandi paran nou yo, se li ki _____ nou tou.     k. gen

12. Men, nan mache a _____ anpil lòt bagay; gen viv, tankou bannann, patat, yanm.     l. santi bon

**Chwa Miltip - Leson 19 - Nan Mache - Vèb ak ekspresyon**

Non: _____ Klas: _____ Dat: _____

**Chak fraz gen yon mo ki manke. Ansèkle mo ki manke a.**

1. Machann ki soti nan tout bouk yo _____ ansanm.
A. yo tout byen bèl
B. rasanble
C. yo tout byen fre
D. mete

2. Yo tout _____, yo tout ap vann.
A. renmen
B. gen
C. yo tout byen fre
D. reyini

3. Nou renmen mache, se li ki to grandi paran nou yo, se li ki _____ nou tou.
A. gen
B. grandi
C. yo tout byen bèl
D. renmen

4. Se yon plas ki _____ anpil chalè nan kè.
A. achte
B. grandi
C. renmen
D. mete

5. Nou _____ mache, se li ki to grandi paran nou yo, se li ki grandi nou tou.
A. vini
B. rasanble
C. gen
D. renmen

6. Fwi, tankou mango, zaboka, zoranj, kenèp, siwèl, sapoti, _____, yo tout byen fre, byen santi bon.
A. rasanble
B. yo tout byen bèl
C. gen
D. grandi

7. Genyen ki vin sou bèt, anpil _____ apye tou.
A. gen
B. achte
C. vini
D. reyini

8. Fwi, tankou mango, zaboka, zoranj, kenèp, siwèl, sapoti, ...yo tout byen bèl, _____ byen santi bon.
A. renmen
B. yo tout byen fre
C. rasanble
D. achte

9. Fwi, tankou mango, zaboka, zoranj, kenèp, siwèl, sapoti, ...yo tout byen bel, yo tout byen fre, byen _____.
A. santi bon
B. rasanble
C. achte
D. gen

10. Pratik yo oubyen achtè gen anpil pou yo _____.
A. achte
B. vini
C. reyini
D. renmen

11. Men, nan mache a _____ anpil lòt bagay; gen viv, tankou bannann, patat, yanm.
A. gen
B. grandi
C. renmen
D. santi bon

12. Men, nan mache a _____ anpil lòt bagay; gen viv, tankou bannann, patat, yanm.
A. reyini
B. gen
C. yo tout byen bèl
D. achte

| **Ranpli espas vid la - Leson 19 - Nan Mache - Vèb ak ekspresyon** |
|---|
| Non: _____ Klas: _____ Dat: _____ |

**Ekri mo ki koresponn nan espas vid ki nan fraz sa yo.**

1. Men, nan mache a _____ anpil lòt bagay; gen viv, tankou bannann, patat, yanm.

2. Pratik yo oubyen achtè gen anpil pou yo _____.

3. Fwi, tankou mango, zaboka, zoranj, kenèp, siwèl, sapoti, ...yo tout byen bèl, yo tout byen fre, byen _____.

4. Genyen ki vin sou bèt, anpil _____ apye tou.

5. Machann ki soti nan tout bouk yo _____ ansanm.

6. Nou renmen mache, se li ki to grandi paran nou yo, se li ki _____ nou tou.

7. Fwi, tankou mango, zaboka, zoranj, kenèp, siwèl, sapoti, ...yo tout byen bèl, _____, byen santi bon.

8. Men, nan mache a _____ anpil lòt bagay; gen viv, tankou bannann, patat, yanm.

9. Se yon plas ki _____ anpil chalè nan kè.

10. Nou _____ mache, se li ki to grandi paran nou yo, se li ki grandi nou tou.

11. Fwi, tankou mango, zaboka, zoranj, kenèp, siwèl, sapoti,... _____ yo tout byen fre, byen santi bon.

12. Yo tout _____, yo tout ap vann.

**Chwazi repons ou yo pami mo sa yo:**

| | | | |
|---|---|---|---|
| santi bon | rasanble | yo tout byen bèl | gen |
| vini | gen | mete | reyini |
| achte | grandi | renmen | yo tout byen fre |

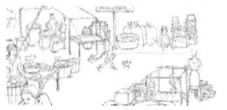

**Lòd alfabetik - Leson 19 - Nan Mache - Vèb ak ekspresyon**

Non: _____ Klas: _____ Dat: _____

**Ranpli sèk ki tou pre mo ki vini anpremye dapre lòd alfabetik epi ekri mo a.**

1. O Pratik
   O sapoti
   O chalè

2. O Machann
   O Pratik
   O pitimi

3. O sou bèt
   O sapoti
   O pitimi

4. O zaboka
   O Yo tout
   O sou bèt

5. O sereyal
   O Pratik
   O sapoti

6. O mango
   O zaboka
   O bannann

7. O legim
   O bannann
   O Pratik

8. O Machann
   O zaboka
   O yanm

9. O bannann
   O Pratik
   O mete

10. O yanm
    O sou bèt
    O bannann

11. O sereyal
    O bannann
    O Pratik

    ----------------------------------------

12. O mache
    O mango
    O zaboka

    ----------------------------------------

13. O pitimi
    O chalè
    O Yo tout

    ----------------------------------------

14. O bannann
    O vyann
    O Machann

    ----------------------------------------

15. O mache
    O zaboka
    O legim

    ----------------------------------------

16. O yanm
    O paran
    O sapoti

    ----------------------------------------

**Fè Koresponn - Leson 19 - Nan Mache - Vèb ak ekspresyon**

Non: _____  Klas: _____  Dat: _____

**Nan chak espas ki nan fraz yo, mete lèt ki tou pre mo ki ka konpiete fraz la pi byen.**

1. Fwi, tankou mango, zaboka, zoranj, kenèp, siwèl, _____, ... yo tout byen bèl, yo tout byen fre, byen santi bon.     a. Machann

2. Fwi, tankou _____, zaboka, zoranj, kenèp, siwèl, sapoti, ..yo tout byen bèl, yo tout byen fre, byen santi bon.    b. yanm

3. _____ ki soti nan tout bouk yo rasanble ansanm.    c. sereyal

4. Men, nan mache a gen anpil lòt bagay; gen viv, tankou bannann, patat, _____.    d. mango

5. _____ reyini, yo tout ap vann.    e. pitimi

6. Men, nan mache a gen anpil lòt bagay; gen viv, tankou _____, patat, yanm.    f. zaboka

7. Se yon plas ki mete anpil _____ nan kè.    g. legim

8. Gen sereyal, tankou mayi, diri, pitimi, ble ekt... gen machann _____, gen machann legim tou.    h. Yo tout

9. Genyen ki vin _____, anpil vini apye tou.    i. mache

10. Gen sereyal, tankou mayi, diri, _____ , ble ekt... gen machann vyann, gen machann legim tou.    j. chalè

11. _____ yo oubyen achtè gen anpil pou yo achte.    K. bannann

12. Gen _____, tankou mayi, diri, pitimi, ble ekt… gen machann vyann, gen machann legim tou.    l. vyann

13. Gen sereyal, tankou mayi, diri, pitimi, ble ekt… gen machann vyann, gen machann _____ tou.    m. sapoti

14. Nou renmen mache, se li ki te grandi _____ nou yo, se li ki grandi nou tou.    n. Pratik

15. Fwi, tankou mango, _____, zoranj, kenèp, siwèl, sapoti, ...yo tout byen bèl, yo tout byen fre, byen santi bon.    o. sou bèt

16. Nou renmen _____, se li ki te grandi paran nou yo, se li ki grandi nou tou.    p. paran

**Chwa Miltip - Leson 19 - Nan Mache - Vèb ak ekspresyon**

Non: _____ Klas: _____ Dat: _____

**Chak fraz gen yon mo ki manke. Ansèkle mo ki manke a.**

1. Fwi, tankou mango, zaboka, zoranj, kenèp, siwèl, _____, yo tout byen bel, yo tout byen fre, byen santi bon.
   A. paran
   B. bannann
   C. sapoti
   D. Vyann

2. Fwi, tankou mango, _____, zoranj, kenèp, siwèl, sapoti, ...yo tout byen bèl, yo tout byen fre, byen santi bon.
   A. Yo tout
   B. zaboka
   C. sapoti
   D. mache

3. Men, nan mache a gen anpil lòt bagay; gen viv, tankou bannann, patat, _____.
   A. yanm
   B. paran
   C. sapoti
   D. Bannann

4. _____ ki soti nan tout bouk yo rasanble ansanm.
   A. pitimi
   B. Pratik
   C. Machann
   D. mango

5. Genyen ki vin _____, anpil vini apye tou.
   A. pitimi
   B. yanm
   C. sou bèt
   D. Pratik

6. Gen sereyal, tankou mayi, diri, pitimi, ble ekt... gen machann vyann, gen machann _____ tou.
   A. sereyal
   B. mango
   C. sou bèt
   D. legim

7. Gen sereyal, tankou mayi, diri, _____ ble ekt... gen machann vyann, gen machann legim tou.
   A. pitimi
   B. yanm
   C. Machann
   D. sereyal

8. _____ yo oubyen achtè gen anpil pou yo achte.
   A. mango
   B. Pratik
   C. zaboka
   D. chale

9. Nou renmen _____, se li ki to grandi paran nou yo, se li ki grandi nou tou.
   A. vyann
   B. mache
   C. paran
   D. zaboka

10. Men, nan mache a gen anpil lòt bagay; gen viv, tankou _____ , patat, yanm.
    A. sou bèt
    B. mache
    C. Machann
    D. Bannann

11. Nou renmen mache, se li ki te grandi _____ ou yo, se li ki grandi nou tou.
    A. paran
    B. mango
    C. zaboka
    D. pitimi

12. Gen _____ tankou mayi, diri, pitimi, ble ekt...gen machann vyann, gen machann legim tou.
    A. zaboka
    B. Pratik
    C. sereyal
    D. Yanm

13. Se yon plas ki mete anpil _____ nan kè.
    A. Machann
    B. paran
    C. pitimi
    D. chalè

14. _____ reyini, yo tout ap vann.
    A. Yo tout
    B. bannann
    C. legim
    D. Sapoti

15. Fwi, tankou _____, zaboka, zoranj, kenèp, siwèl, sapoti, ...yo tout byen bèl, yo tout byen fre, byen santi bon.
    A. sapoti
    B. zaboka
    C. bannann
    D. mango

16. Gen sereyal, tankou mayi, diri, pitimi, ble ekt... gen machann _____, gen machann legim tou.
    A. legim
    B. Machann
    C. vyann
    D. yanm

**Ranpli espas vid la - Leson 19 - Nan Mache - Vokabilè**

Non: _____ Klas: _____ Dat: _____

**Ekri mo ki koresponn nan espas yid ki nan fraz sa yo.**

1. Se yon plas ki mete anpil _____ nan kè.

2. Gen sereyal, tankou mayi, diri, pitimi, ble ekt... gen machann vyann, gen machann _____ tou.

3. Nou renmen mache, se li ki to grandi _____ nou yo, se li ki grandi nou tou.

4. Gen sereyal, tankou mayi, diri, pitimi, ble ekt... gen machann _____, gen machann legim tou.

5. _____ reyini, yo tout ap vann.

6. Men, nan mache a gen anpil lòt bagay; gen viv, tankou _____, patat, yanm.

7. Fwi, tankou mango, zaboka, zoranj, kenèp, siwèl, _____, ...yo tout byen bèl, yo tout byen fre, byen santi bon.

8. Gen sereyal, tankou mayi, diri, _____, ble ekt... gen machann vyann, gen machann legim tou.

9. Nou renmen _____, se li ki to grandi paran nou yo, se li ki grandi nou tou.

10. Men, nan mache a gen anpil lòt bagay; gen viv, tankou bannann, patat, _____.

11. _____ yo oubyen achtè gen anpil pou yo achte.

12. Fwi, tankou mango, _____, zoranj, kenèp, siwèl, sapoti, ...yo tout byen bèl, yo tout byen fre, byen santi bon.

13. Fwi, tankou _____, zaboka, zoranj, kenèp, siwèl, sapoti, ...yo tout byen bèl, yo tout byen fre, byen santi bon.

14. Genyen ki vin _____, anpil vini apye tou.

15. _____ ki soti nan tout bouk yo rasanble ansanm.

16. Gen _____, tankou mayi, diri, pitimi, ble ekt... gen machann vyann, gen machann legim tou.

**Chwazi repons ou yo pami mo sa yo:**

| | | | | | |
|---|---|---|---|---|---|
| sapoti | chalè | bannann | sou bèt | mango | vyann |
| zaboka | mache | Yo tout | sereyal | Pratik | legim yanm |
| paran | pitimi | Machann | | | |

# Aktivite Leson 20
Lòd alfabetik - Leson 20 - Pran Taptap - Vèb ak ekspresyon

Non: _____ Klas: _____ Dat: _____

**Ranpli sèk tou pre mo ki vini anpremye dapre lòd alfabetik epi ekri mo a.**

1. O chita
   O pran
   O kwense

2. O kwense
   O bije
   O pran

3. O youn sou lòt
   O konnen
   O chita

4. O frape
   O chita
   O youn sou lot

5. O Gade
   O youn sou lòt
   O rale

6. O rale
   O Ala
   O bije

7. O kwense
   O bije
   O Ala

8. O kwense
   O goumen
   O frape

9. O kwense
   O konnen
   O Ala

10. O bije
    O kwense
    O frape

11. O pran
    O Ala
    O tèt chaje

12. O kwense
    O youn sou lòt
    O frape

# Fè Koresponn - Leson 20 - Pran Taptap - Vèb ak ekspresyon

Non: _____ Klas: _____ Dat: _____

**Nan chak espas ki nan fraz yo, mete lèt ki tou pre mo ki ka konpiete fraz la pi byen.**

1. _____ yon kwen! tout moun gonfle la, men yon taptap rive!  a. rale

2. Nan peyi D Ayiti, pran taptap se yon gwo _____.  b. Gade

3. Nan peyi D Ayiti, _____ taptap se yon gwo tèt chaje.  c. pran

4. Anpil fwa pa gen plas; kèk moun _____ kwense kò yo nan yon ti kwen.  d. tèt chaje

5. Pafwa tou moun yo chita _____.  e. goumen

6. _____ yon lavi!  f. frape

7. Lè traje a long, lè wout la pa bon, anpil moun frape lòt san yo pa _____.  g. konnen

8. Eske moun sa yo egoyis oubyen y'ap _____ pou yo ka viv?  h. youn sou lòt

9. Anpil fwa pa gen plas; kèk moun bije _____ kò yo nan yon ti kwen.  i. kwense

10. Lè trajè a long, lè wout la pa bon, anpil moun _____ lòt san yo pa konnen.  j. Ala

11. Anpil moun pral _____ lòt soti pou yo antre.  k. chita

12. Pafwa tou moun yo _____ youn sou lòt.  l. bije

# Chwa Miltip - Leson 20 - Pran Taptap - Vèb ak ekspresyon

Non: _____ Klas: _____ Dat: _____

**Chak fraz gen yon mo ki manke. Ansèkle mo ki manke a.**

1. Nan peyi D Ayiti, _____ taptap se yon gwo tèt chaje.
A. goumen
B. rale
C. pran
D. kwense

2. _____ yon kwen! Tout moun gonfle la, men yon taptap rive!
A. konnen
B. Gade
C. youn sou lòt
D. tèt chaje

3. Pafwa tou moun yo chita _____.
A. pran
B. rale
C. youn sou lòt
D. bije

4. Pafwa tou moun yo _____ youn sou lòt.
A. chita
B. Gade
C. rale
D. konnen

5. Lè trajè a long, lè wout la pa bon, anpil moun frape lòt san yo pa _____
A. youn sou lòt
B. konnen
C. pran
D. goumen

6. Anpil moun pral _____ lòt soti you yo antre.
A. rale
B. chita
C. goumen
D. Gade

7. Anpil fwa pa gen plas; kèk moun _____ kwense kò yo nan yon ti kwen.
A. Ala
B. bije
C. pran
D. chita

8. Lè trajè a long, lè wout la pa bon, anpil moun _____ lòt san yo pa konnen.
A. frape
B. pran
C. goumen
D. Gade

9. Anpil fwa pa gen plas; kèk moun bije _____ kò yo nan yon ti kwen.
A. rale
B. pran
C. kwense
D. Gade

10. _____ yon lavi!
A. bije
B. Ala
C. Gade
D. frape

11. Nan peyi D Ayiti, pran taptap se yon gwo _____.
A. tèt chaje
B. frape
C. konnen
D. rale

12. Eske moun sa yo egoyis oubyen y'ap _____ you yo ka viv?
A. frape
B. tèt chaje
C. kwense
D. goumen

**Ranpli espas vid la - Leson 20 - Pran Taptap - Vèb ak ekspresyon**

Non: _____ Klas: _____ Dat: _____

**Ekri mo ki koresponn nan espas vid ki nan fraz sa yo.**

1. Lè trajè a long, lè wout la pa bon, anpil moun frape lòt san yo pa _____.

2. _____ yon kwen! tout moun gonfle la, men yon taptap rive!

3. Anpil fwa pa gen plas; kèk moun_____ kwense kò yo nan yon ti kwen.

4. Nan peyi D Ayiti, _____ taptap se yon gwo tèt chaje.

5. _____ yon lavi!

6. Nan peyi D Ayiti, pran taptap se yon gwo_____.

7. Lè trajè a long, lè wout la pa bon, anpil moun_____ lòt san yo pa konnen.

8. Anpil moun pral _____ lòt soti pou yo antre.

9. Anpil fwa pa gen plas; kèk moun bije_____ kò yo nan yon ti kwen.

10. Eske moun sa yo egoyis oubyen y ap_____ pou yo ka viv?

11. Pafwa tou moun yo _____ youn sou lòt.

12. Pafwa tou moun yo chita_____.

**Chwazi repons ou yo pami mo sa yo:**

| | | | | |
|---|---|---|---|---|
| pran | chita | konnen | Gade | goumen |
| bije | frape | kwense | rale | tèt |
| chaje | Ala | youn sou lòt | | |

# Lòd alfabetik - Leson 20 - Pran Taptap - Vèb ak ekspresyon

Non: _____ Klas: _____ Dat: _____

**Ranpli sèk ki tou pre mo ki vini anpremye dapre lòd alfabetik epi ekri mo a.**

1. O egoyis
   O taptap
   O wout

2. O egoyis
   O trajè
   O plas

3. O trajè
   O Pafwa
   O taptap

4. O trajè
   O plas
   O kwen

5. O lavi
   O egoyis
   O peyi

6. O lavi
   O trajè
   O kwen

7. O moun
   O taptap
   O egoyis

8. O lavi
   O plas
   O egoyis

9. O egoyis
   O Pafwa
   O traje

10. O wout
    O Ala
    O peyi

**Fè Koresponn - Leson 20 - Pran Taptap - Vokabilè**

Non: _____ Klas: _____ Dat: _____

**Nan chak espas ki nan fraz yo, mete lèt ki tou pre mo ki ka konpiete fraz la pi byen.**

1. Lè traje a long, lè _____ la pa bon, anpil moun frape lòt san yo pa konnen.

2. Ala yon _____!

3. _____ tou moun yo chita youn sou lòt.

4. Anpil fwa pa gen _____; kèk moun bije kwense kò yo nan yon ti kwen.

5. Nan peyi D Ayiti, pran _____ se yon gwo tèt chaje.

6. Nan _____ D Ayiti, pran taptap se yon gwo tèt chaje.

7. Anpil _____ pral rale lòt soti pou yo antre.

8. Eske moun sa yo _____ oubyen y'ap goumen pou yo ka viv?

9. Lè _____ a long, lè wout la pa bon, anpil moun frape lòt san yo pa konnen.

10. Gade yon _____! Tout moun gonfle la, men yon taptap rive!

a. plas
b. moun
c. kwen
d. peyi
e. wout
f. trajè
g. Pafwa
h. taptap
i. egoyis
j. lavi

# Chwa Miltip - Leson 20 - Pran Taptap - Vokabilè

Non: _____ Klas: _____ Dat: _____

**Chak fraz gen yon mo ki manke. Ansèkle mo ki manke a.**

1. Anpil fwa pa gen _____; kèk moun bije kwense kò yo nan yon ti kwen.
   A. traje
   B. egoyis
   C. peyi
   D. plas

2. Lè _____ a long, lè wout la pa bon, anpil moun frape lòt san yo pa konnen.
   A. kwen
   B. traje
   C. plas
   D. Pafwa

3. Nan _____ D Ayiti, pran taptap se yon gwo tèt chaje.
   A. lavi
   B. traje
   C. wout
   D. peyi

4. Eske moun sa yo _____ oubyen y'ap goumen pou yo ka viv?
   A. egoyis
   B. peyi
   C. wout
   D. kwen

5. Nan peyi D Ayiti, pran _____ se yon gwo tèt chaje.
   A. moun
   B. taptap
   C. traje
   D. peyi

6. Anpil _____ pral rale lòt soti pou yo antre.
   A. plas
   B. wout
   C. egoyis
   D. moun

7. Ala yon _____!
   A. lavi
   B. wout
   C. moun
   D. traje

8. Gade yon _____! Tout moun gonfle la, men yon taptap rive!
   A. Pafwa
   B. kwen
   C. traje
   D. peyi

9. Lè trajè a long, lè _____ la pa bon, anpil moun frape lòt san yo pa konnen.
   A. wout
   B. Pafwa
   C. taptap
   D. lavi

10. _____ tou moun yo chita youn sou lòt.
    A. Pafwa
    B. taptap
    C. wout
    D. lavi

**Ranpli espas vid la - Leson 20 - Pran Taptap - Vokabilè**

Non: _____ Klas: _____ Dat: _____

**Ekri mo ki koresponn nan espas vid ki nan fraz sa yo.**

1. Lè _____ a long, lè wout la pa bon, anpil moun frape lòt san yo pa konnen.

2. Gade yon _____! Tout moun gonfle la, men yon taptap rive!

3. Lè traje a long, lè _____ la pa bon, anpil moun frape lòt san yo pa konnen.

4. Nan _____ D Ayiti, pran taptap se yon gwo tèt chaje.

5. _____ tou moun yo chita youn sou lòt.

6. Nan peyi D Ayiti, pran _____ se yon gwo tèt chaje.

7. Ala yon _____!

8. Eske moun sa yo _____ oubyen y ap goumen pou yo ka viv?

9. Anpil _____ pral rale lòt soti pou yo antre.

10. Anpil fwa pa gen _____; kèk moun bije kwense kò yo nan yon ti kwen.

**Chwazi repons ou yo pami mo sa yo:**

| Moun | peyi | Pafwa | kwen | egoyis | plas | taptap |
| trajè | lavi | wout | | | | |

# Aktivite Leson 21

**Lòd alfabetik - Leson 21 - Ale Nan Lanmè - Vèb ak ekspresyon**

Non: _____ Klas: _____ Dat: _____

**Ranpli sèk ki tou pre mo ki vini anpremye dapre lòd alfabetik epi ekri mo a.**

1. O fini
   O naje
   O tranpe

2. O mache
   O deside
   O ale

3. O tranpe
   O pran
   O bezwen

4. O bay kalinda
   O anbake
   O rive

5. O monte
   O pran
   O deside

6. O tranpe
   O pran
   O rive

7. O monte
   O pran
   O tranpe

8. O benyen
   O pran
   O bezwen

9.  O tranpe
    O monte
    O tounen lakay   _____

10. O tranpe
    O ale
    O bezwen         _____

11. O bezwen
    O benyen
    O deside         _____

12. O anbake
    O ale
    O bay kalinda    _____

13. O fini
    O yon bon valè
    O tranpe         _____

14. O ale
    O yon bon valè
    O naje           _____

15. O bezwen
    O bay kalinda
    O rive           _____

16. O anbake
    O deside
    O mache          _____

17. O tranpe
    O ale
    O benyen         _____

18. O anbake
    O naje
    O te gen tan gen _____

| **Fè Koresponn - Leson 21 - Ale Nan Lanmè - Vèb ak ekspresyon** |
|---|

Non: _____ Klas: _____ Dat: _____

**Nan chak espas ki nan fraz yo, mete lèt ki tou pre mo ki ka konplete fraz la pi byen.**

1. Ti moun ki _____ sou chanm, granmoun ki ap naje, ti chaloup ki ap bay kalinda sou dlo.  
   a. anbake

2. Lè yo rive te gen tan gen _____ moun.  
   b. bay kalinda

3. Moun yo _____, yo mache sou sab lanmè; se bèl bagay.  
   c. benyen

4. Semèn nan pral _____.  
   d. tranpe

5. Samdi kou li jou yo _____ wout lanmè pou yo.  
   e. rive

6. Depi vandredi swa machin nan deja _____.  
   f. naje

7. Lè yo rive _____ yon bon valè moun.  
   g. tounen lakay

8. Ti moun ki monte sou chanm, granmoun ki ap _____, ti chaloup ki ap bay kalinda sou dlo.  
   h. monte

9. Ti moun ki monte sou chanm, granmoun ki ap naje, ti chaloup ki ap _____ sou dlo.  
   i. bezwen

10. Pòl ak madanm ni _____ ale nan plaj.  
   j. deside

11. Lè yo _____ te gen tan gen yon bon valè moun.  
   k. pran

12. Pòl ak madanm ni deside _____ nan plaj.  
   l. anbake

13. Malerezman demen dimanch, fòk tout moun _____ yo.  
   m. mache

14. Menm jan ak tout vwazen li yo; Pòl bezwen _____ kò li nan yon ti dlo lanmè.  
   n. yon bon valè

15. Moun yo benyen, yo _____ sou sab lanmè; se bèl bagay.  
   o. fini

16. Depi vandredi swa machin nan deja _____.  
   p. ale

17. Menm jan ak tout vwazen li yo; Pòl bezwen _____ kò li nan yon ti dlo lanmè.  
   q. te gen tan gen

18. Menm jan ak tout vwazen li yo; Pòl _____ tranpe kò li nan yon ti dlo lanmè.  
   r. tranpe

**Chwa Miltip - Leson 21 - Ale Nan Lanmè - Vèb ak ekspresyon**

Non: _____ Klas: _____ Dat: _____

**Chak fraz gen yon mo ki manke. Ansèkle mo ki manke a.**

1. Lè yo _____ te gen tan gen yon bon valè moun.
   A. tranpe
   B. rive
   C. anbake
   D. ale

2. Menm jan ak tout vwazen li yo; Pòl _____ tranpe kò li nan yon ti dlo lanmè.
   A. te gen tan gen
   B. deside
   C. bezwen
   D. anbake

3. Ti moun ki monte sou chanm, granmoun ki ap naje, ti chaloup ki ap _____ sou dlo.
   A. anbake
   B. monte
   C. bay kalinda
   D. mache

4. Moun yo _____, yo mache sou sab lanmè; se bèl bagay.
   A. te gen tan gen
   B. tranpe
   C. benyen
   D. naje

5. Pòl ak madanm ni _____ ale nan plaj.
   A. monte
   B. anbake
   C. tranpe
   D. deside

6. Lè yo rive te gen tan gen _____ moun.
   A. anbake
   B. tegentangen
   C. yon bon valè
   D. fini

7. Menm jan ak tout vwazen li yo; Pòl bezwen _____ kò li nan yon ti dlo lanmè.
   A. fini
   B. pran
   C. tranpe
   D. deside

8. Lè yo rive _____ yon bon valè moun.
   A. te gen tan gen
   B. anbake
   C. tranpe
   D. deside

9. Semèn nan pral _____.
   A. te gen tan gen
   B. pran
   C. tranpe
   D. fini

10. Pòl ak madanm ni deside _____ nan plaj.
    A. rive
    B. ale
    C. naje
    D. benyen

11. Depi vandredi swa machin nan deja ____.
    A. tounen lakay
    B. anbake
    C. to gen tan gen
    D. naje

12. Samdi kou li jou yo _____ wout lanmè you yo.
    A. pran
    B. tranpe
    C. rive
    D. fini

13. Ti moun ki _____ sou chanm, granmoun ki ap naje, ti chaloup ki ap bay kalinda sou dlo.
A. fini
B. pran
C. monte
D. tranpe

14. Moun yo benyen, yo _____ sou sab lanmè; se bel bagay.
A. fini
B. mache
C. bezwen
D. benyen

15. Depi vandredi swa machin nan deja _____.
A. pran
B. anbake
C. tounen lakay
D. yon bon valè

16. Menm jan ak tout vwazen li yo; Pol bezwen _____ kò li nan yon ti dlo lanmè.
A. naje
B. tranpe
C. pran
D. ale

17 Ti moun ki monte sou chanm, granmoun ki ap ____, ti chaloup ki ap bay kalinda sou dlo.
A. bezwen
B. naje
C. monte
D. deside

18. Malerezman demen dimanch, fòk tout moun _____ yo.
A. pran
B. tounen lakay
C. rive
D. mache

## Ranpli espas vid la - Leson 21 - Ale Nan Lanmè - Vèb ak ekspresyon

Non: _____ Klas: _____ Dat: _____

**Ekri mo ki koresponn nan espas vid ki nan fraz sa yo.**

1. Menm jan ak tout vwazen li yo; Pòl bezwen _____ kò li nan yon ti dlo lanmè.

2. Depi vandredi swa machin nan deja _____.

3. Ti moun ki _____ sou chanm, granmoun ki ap naje, ti chaloup ki ap bay kalinda sou dlo.

4. Pòl ak madanm ni _____ ale nan plaj.

5. Ti moun ki monte sou chanm, granmoun ki ap _____, ti chaloup ki ap bay kalinda sou dlo.

6. Lè yo _____ te gen tan gen yon bon valè moun.

7. Samdi kou li jou yo _____ wout lanmè you yo.

8. Pòl ak madanm ni deside _____ nan plaj.

9. Moun yo benyen, yo _____ sou sab lanmè; se bèl bagay.

10. Semèn nan pral _____.

11. Menm jan ak tout vwazen li yo; Pòl _____ tranpe kò li nan yon ti dlo lanmè.

12. Ti moun ki monte sou chanm, granmoun ki ap naje, ti chaloup ki ap _____ sou dlo.

13. Lè yo rive te gen tan gen _____ moun.

14. Malerezman demen dimanch, fòk tout moun _____ yo.

15. Menm jan ak tout vwazen li yo; Pol bezwen _____ kò li nan yon ti dlo lanme.

16. Lè yo rive _____ yon bon valè moun.

17. Moun yo _____, yo mache sou sab lanmè; se bèl bagay.

18. Depi vandredi swa machin nan deja _____.

### Chwazi repons ou yo pami mo sa yo:

| | | | | |
|---|---|---|---|---|
| fini | tranpe | ale | tounen lakay | anbake |
| bay kalinda | te gen tan gen | yon bon valè | naje | tranpe |
| anbake | benyen | rive | bezwen | deside |
| monte | pran | mache | | |

**Lòd alfabetik - Leson 21 - Ale Nan Lanmè - Vokabilè**

Non: _____ Klas: _____ Dat: _____

**Ranpli sèk ki tou pre mo ki vini anpremye dapre lòd alfabetik epi ekri mo a.**

1. O granmoun
   O chanm
   O Semèn

2. O plaj
   O chaloup
   O yo

3. O lanmè
   O vwazen
   O vandredi

4. O Semèn
   O vandredi
   O vwazen

5. O sab
   O Samdi
   O vandredi

6. O yo
   O madanm
   O dlo lanmè

7. O chanm
   O lanmè
   O yo

8. O vwazen
   O plaj
   O sab

9. O madanm

O chaloup
O Malerezman

...................................................................

10. O madanm
    O dlo lanmè
    O chanm

...................................................................

11. O lanmè
    O dlo lanme
    O vandredi

...................................................................

12. O sab
    O dlo lanmè
    O vwazen

...................................................................

13. O chanm
    O yo
    O machin

...................................................................

14. O granmoun
    O vwazen
    O dlo lanmè

...................................................................

15. O yo
    O chaloup
    O Samdi

...................................................................

**Fè Koresponn - Leson 21 - Ale Nan Lamnè - Vokabilè**

Non: _____ Klas: _____ Dat: _____

**Nan chak espas ki nan fraz yo, mete lèt ki tou pre mo ki ka konplete fraz la pi byen.**

1. Menm jan ak tout vwazen li yo; Pòl bezwen tranpe kò li nan yon ti dlo _____.   a. yo

2. _____ kou li jou yo pran wout lanmè you yo.   b. granmoun

3. Pòl ak madanm ni deside ale nan _____.   c. machin

4. _____ demen dimanch, fòk tout moun tounen lakay yo.   d. plaj

5. Pòl ak _____ ni deside ale nan plaj.   e. madanm

6. Ti moun ki monte sou chanm, granmoun ki ap naje, ti _____ ki ap bay kalinda sou dlo.   f. sab

7. Ti moun ki monte sou _____ granmoun ki ap naje, ti chaloup ki ap bay kalinda sou dlo.   g. dlo lanmè

8. Menm jan ak tout _____ li yo; Pòl bezwen tranpe kò li nan yon ti dlo lanmè.   h. semèn

9. Moun yo benyen, yo mache sou _____ lanmè; se bèl bagay.   i. chaloup

10. Depi vandredi swa _____ nan deja anbake.   j. lanmè

11. Ti moun ki monte sou chanm, _____ ki ap naje, ti chaloup ki ap bay kalinda sou dlo.   k. Malerezman

12. Menm jan ak tout vwazen li yo; Pòl bezwen tranpe kò li nan yon ti _____.   l. Samdi

13. Depi _____ swa machin nan deja anbake.   m. chanm

14. _____ nan pral fini,   n. vwazen

15. Lè _____ rive to gen tan gen yon bon valè moun.   o. vandredi

203

```
                    Chwa Miltip - Leson 21 - Ale Nan Lanmè - Vokabilè
Non: _____ Klas: _____ Dat: _____
```

**Chak fraz gen yon mo ki manke. Ansèkle mo ki manke a.**

1. Ti moun ki monte sou chanm, granmoun ki ap naje, ti _____ ki ap bay kalinda sou dlo.
   A. sab
   B. Samdi
   C. lanmè
   D. chaloup

2. Moun yo benyen, yo mache sou _____ lanmè; se bèl baggy.
   A. sab
   B. granmoun
   C. chaloup
   D. machin

3. _____ nan prat fini.
   A. vandredi
   B. Semèn
   C. vwazen
   D. granmoun

4. Lè _____ rive to gen tan gen yon bon valè moun.
   A. chaloup
   B. Samdi
   C. yo
   D. lanmè

5. Pòl ak madanm ni deside ale nan _____.
   A. vwazen
   B. yo
   C. Semèn
   D. plaj

6. Pòl ak _____ ni deside ale nan plaj.
   A. plaj
   B. madanm
   C. dlo lanmè
   D. vandredi

7. Ti moun ki monte sou chanm, _____ ki ap naje, ti chaloup ki ap bay kalinda sou dlo.
   A. Malerezman
   B. yo
   C. granmoun
   D. madanm

8. Menm jan ak tout vwazen li yo; Pòl bezwen tranpe kò li nan yon ti dlo _____.
   A. vandredi
   B. granmoun
   C. plaj

9. Depi _____ swa machin nan deja anbake.
   A. machin
   B. granmoun
   C. vandredi
   D. dlo lanmè

10. Depi vandredi swa _____ nan deja anbake,
    A. lanme
    B. Samdi
    C. machin
    D. vandredi

11. Menm jan ak tout _____ li yo; Pòl bezwen tranpe kò li nan yon ti dlo lanmè.
    A. Samdi
    B. sab
    C. vwazen
    D. lanmè

12. _____ kou li jou yo pran wout lanmè pou yo.
    A. chaloup
    B. vandredi
    C. granmoun
    D. Samdi

13. _____ demen dimanch, fòk tout moun tounen lakay yo.
    A. lanmè
    B. Malerezman
    C. vwazen
    D. Semen

14. Ti moun ki monte sou _____, granmoun ki ap naje, ti chaloup ki ap bay kalinda sou dlo.
    A. chanm
    B. lanmè
    C. madanm
    D. granmoun

15. Menm jan ak tout vwazen li yo; Pòl bezwen tranpe kò li nan yon ti _____.
    A. lanmè
    B. vwazen
    C. Semèn
    D. dlo lanmè

**Ranpli espas vid la - Leson 21 - Ale Nan Lanmè - Vokabilè**

Non: _____ Klas: _____ Dat: _____

Ekri mo ki koresponn nan espas yid ki nan fraz sa yo.

1. _____ kou li jou yo pran wout lanmè pou yo.

2. Depi vandredi swa _____ nan deja anbake.

3. Ti moun ki monte sou chanm, _____ki ap naje, ti chaloup ki ap bay kalinda sou dlo.m

4. Menm jan ak tout vwazen li yo; Pòl bezwen tranpe kò li nan yon ti _____.

5. Ti moun ki monte sou chanm, granmoun ki ap naje, ti _____ ki ap bay kalinda sou dlo.

6. Ti moun ki monte sou, _____ granmoun ki ap naje, ti chaloup ki ap bay kalinda sou dlo.

7. Menm jan ak tout vwazen li yo; Pòl bezwen tranpe kò li nan yon ti dlo _____.

8. _____ demen dimanch, fòk tout moun tounen lakay yo.

9. Depi _____swa machin nan deja anbake.

10. Pòl ak madanm ni deside ale nan _____.

11. Moun yo benyen, yo mache sou _____ lanmè; se bèl bagay.

12. Pòl ak _____ni deside ale nan plaj.

13. Menm jan ak tout _____li yo; Pòl bezwen tranpe kò li nan yon ti dlo lanme.

14. Lè _____rive to gen tan gen yon bon valè moun.

15. _____ nan pral fini.

**Chwazi repons ou yo pami mo sa yo:**

| | | | |
|---|---|---|---|
| yo | chanm | vwazen | madanm |
| chaloup | dlo lanmè | plaj | granmoun |
| vandredi | sab | lanmè | machin |
| Semèn | Malerezman | Samdi | |

205

# Aktivite Leson 22

**Lòd alfabetik - Leson 22 - Vwayaje Lòtbò Dlo - Vèb ak ekspresyon**

Non: _____ Klas: _____ Dat: _____

**Ranpli sèk ki tou pre mo ki vini anpremye dapre lòd alfabetik.**

1. O pral
   O vwayaje
   O tcheke

2. O fè
   O sanble
   O antre

3. O pral
   O pran
   O fè

4. O fè
   O rantre
   O jwenn

5. O tcheke
   O fin gen
   O rantre

6. O rive
   O mande
   O fin gen

7. O jwenn
   O fin gen
   O rantre

8. O tcheke
   O fè
   O jwenn

9. O pral
   O rive
   O antre

10. O mande
    O rantre
    O pran

11. O pran
    O pral
    O fè

12. O mande
    O tcheke
    O fin gen

**Fè Koresponn - Leson 22 - Vwayaje Lòtbò Dlo - Vèb ak ekspresyon**

Non: _____ Klas: _____ Dat: _____

**Nan chak espas ki nan fraz yo, mete lèt ki tou pre mo ki ka konplete fraz la pi byen.**

1. Ou gen pou fè rezèvasyon sou youn nan avyon ki - _____ zòn sa yo.   a. rive

2. Tout moun nan liy yo _____ zefè yo, peze yo epi peye yon ti kòb pou yo si yo peze plis pase pwa nòmal.   b. fin gen

3. Swa ou _____ Lafrans, Kanada, Ozetazini, anpil nan demach yo sanble.   c. fè

4. Moman ki pi bèl se lè ou _____ ayewopò, tout moun nan liy.   d. mande

5. Apre ou _____ paspò ak viza ladan, ou kapab vwayaje.   e. rantre

6. Lè avyon an _____ yon gwo opalè mande pasaje yo pou yo anbake.   f. tcheke

7. Apre sa yo antre nan imigrasyon pou dènye tchèk ak enspeksyon, epi _____ nan avyon an.   g. antre

8. Apre ou fin gen paspò ak viza ladan, ou kapab _____ .   h. sanble

9. Lè avyon an rantre yon gwo °pale _____ pasaje yo pou yo anbake.   I. pral

10. Pafwa moun pa _____ plas, lè konsa, yo sou "stannbay".   j. vwayaje

11. Swa ou pral Lafrans, Kanada, Ozetazini, anpil nan demach yo _____.   k. pran

12. Yon lòt moman; gwo zwazo a _____ lè a pou li.   l. jwenn

**Chwa Miltip - Leson 22 - Vwayaje Lòtbò Dlo - Vèb ak ekspresyon**

Non: _____  Klas: _____  Dat: _____

**Chak fraz gen yon mo ki manke. Ansèkle mo ki manke a.**

1. Moman ki pi bèl se lè ou _____ ayewopò, tout moun nan liy.
A. rive
B. mande
C. sanbie
D. pral

2. Tout moun nan liy yo _____ zefè yo, peze yo epi peye yon ti kòb pou yo si yo peze plis pase pwa nòmal.
A. tcheke
B. pral
C. rantre
D. mande

3. Lè avyon an rantre yon gwo opalè _____ pasaje yo pou yo anbake.
A. mande
B. vwayaje
C. jwenn
D. pran

4. Swa ou _____ Lafrans, Kanada, Ozetazini, anpil nan demach yo sanbie.
A. rive
B. pral
C. sanbie
D. rantre

5. Apre sa yo antre nan imigrasyon pou dènye tchèk ak enspeksyon, epi ____ nan avyon an.
A. rive
B. antre
C. tcheke
D. rantre

6. Lè avyon an _____ yon gwo opalè mande pasaje yo pou yo anbake.
A. fè
B. rive
C. antre
D. rantre

7. Yon lòt moman; gwo zwazo a _____ lè a pou li.
A. vwayaje
B. rive
C. pran
D. fin gen

8. Apre ou _____ paspò ak viza ladan, ou kapab vwayaje.
A. tcheke
B. rive
C. vwayaje
D. fin gen

9. Swa ou pral Lafrans, Kanada, Ozetazini, anpil nan demach yo _____.
A. sanble
B. fè
C. vwayaje
D. pran

10. Ou gen pou fè rezèvasyon sou youn nan avyon ki _____ zòn sa yo.
A. tcheke
B. fin gen
C. pran
D. fè

11. Apre ou fin gen paspò ak viza ladan, ou kapab _____.
A. fè
B. pran
C. vwayaje
D. tcheke

12. Pafwa moun pa _____ plas, lè konsa, yo sou "stannbay".
A. mande
B. vwayaje
C. pral
D. jwenn

**Ranpli espas vid la - Leson 22 - Vwayaje Lòtbò Dlo - Vèb ak ekspresyon**

Non: _____ Klas: _____ Dat: _____

**Ekri mo ki koresponn nan espas yid ki nan fraz sa yo.**

1. Apre ou fin gen paspò ak viza ladan, ou kapab _____.

2. Lè avyon an _____ yon gwo opalè mande pasaje yo pou yo anbake.

3. Pafwa moun pa _____ plas, lè konsa, yo sou "stannbay"

4. Moman ki pi bèl se lè ou _____ ayewopò, tout moun nan liy.

5. Yon lòt moman; gwo zwazo a _____ lè a pou li.

6. Apre ou _____ paspò ak viza ladan, ou kapab vwayaje.

7. Lè avyon an rantre yon gwo opalè _____ pasaje yo pou yo anbake.

8. Ou gen pou fè rezèvasyon sou youn nan avyon ki _____ zòn sa yo.

9. Tout moun nan liy yo _____ zèfe yo, peze yo epi peye yon ti kòb pou yo si yo peze plis pase pwa nòmal.

10. Swa ou _____ Lafrans, Kanada, Ozetazini, anpil nan demach yo sanbie.

11. Apre sa yo antre nan imigrasyon pou dènye tchèk ak enspeksyon, epi _____ nan avyon an.

12. Swa ou pral Lafrans, Kanada, Ozetazini, anpil nan demach yo _____.

**Chwazi repons ou yo pami mo sa yo:**

| | | | | | |
|---|---|---|---|---|---|
| fè | rive | pral | sanbie | antre | vwayaje |
| jwenn | tcheke | pran | mande | fin gen | rantre |

# Lòd alfabetik - Leson 22 - Vwayaje Lòtbò Dlo - Vokabilè

Non: _____ Klas: _____ Dat: _____

**Ranpli sèk ki tou pre mo ki vini anpremye dapre lòd alfabetik epi ekri mo a.**

1. O paspò
   O Ozetazini
   O zefè

2. O zwazo
   O Ozetazini
   O viza

3. O demach
   O avyon
   O rezèvasyon

4. O ayewopò
   O stannbay
   O zwazo

5. O opalè
   O viza
   O ayewopò

6. O Lafrans
   O avyon
   O ayewopò

7. O imigrasyon
   O avyon
   O ayewopò

8. O Kanada
   O zefè
   O ayewopò

9. O viza
   O imigrasyon
   O paspò

10. O zwazo
    O stannbay
    O demach

11. O viza
    O Kanada
    O paspò

12. O zwazo
    O Lafrans
    O stannbay

13. O paspò
    O demach
    O Lafrans

14. O opalè
    O stannbay
    O ayewopò

# Fè Koresponn - Leson 22 - Vwayaje Lòtbò Dlo - Vokabilè

Non: _____ Klas: _____ Dat: _____

**Nan chak espas ki nan fraz yo, mete lèt ki tou pre mo ki ka konpiete fraz la pi byen.**

1. Pafwa moun pa jwenn plas, lè konsa, yo sou " _____ "  a. demach

2. Ou gen pou fè _____ sou youn nan avyon ki fe zòn sa yo.  b. opalè

3. Swa ou pral _____ Kanada, Ozetazini, anpil nan demach yo sanble.  c. zefè

4. Swa ou pral Lafrans, Kanada _____ anpil nan demach yo sanble.  d. zwazo

5. Lè _____ an rantre yon gwo opalè mande pasaje yo pou yo anbake.  e. viza

6. Tout moun nan liy yo tcheke ___ yo, peze yo epi peye yon ti kòb pou yo si yo peze plis pase pwa nòmal.  f. avyon

7. Swa ou pral Lafrans, Kanada, Ozetazini, anpil nan _____ yo sanble.  g. Lafrans

8. Lè avyon an rantre yon gwo _____ mande pasaje yo pou yo anbake.  h. Kanada

9. Apre ou fin gen _____ ak viza ladan, ou kapab vwayaje.  i. paspò

10. Apre sa yo antre nan ____ pou dènye tchèk ak enspeksyon, epi antre nan avyon an.  j. rezèvasyon

13. Apre ou fin gen paspò ak _____ ladan, ou kapab vwayaje  k. stannbay.

13. Yon lòt moman; gwo _____ a pran lè a pou li.  l. Imigrasyon

14. Moman ki pi bèl se lè ou rive _____ tout moun nan liy.  m. Ozetazini

15. Swa ou pral Lafrans, _____, Ozetazini, anpil nan demach yo sanble.  n. ayewopò

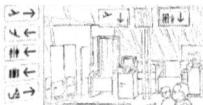

# Chwa Miltip - Leson 22 - Vwayaje Lòtbò Dlo - Vokabilè

Non: _____ Klas: _____ Dat: _____

**Chak fraz gen yon mo ki manke. Ansèkle mo ki manke a.**

1. Swa ou pral _____, Kanada, Ozetazini, anpil nan demach yo sanble.
   A. Ozetazini
   B. opalè
   C. ayewopò
   D. Lafrans

2. Le avyon an rantre yon gwo _____ mande pasaje yo pou yo anbake.
   A. rezèvasyon
   B. zwazo
   C. Kanada
   D. opalè

3. Swa ou pral Lafrans, Kanada, _____ anpil nan demach yo sanble.
   A. Ozetazini
   B. zwazo
   C. Lafrans
   D. avyon

4. Swa ou pral Lafrans, _____ Ozetazini, anpil nan demach yo sanble.
   A. paspò
   B. rezevasyon
   C. avyon
   D. Kanada

5. Apre ou fin gen _____ ak viza ladan, ou kapab vwayaje.
   A. paspò
   B. ayewopò
   C. Ozetazini
   D. viza

6. Apre ou fin gen paspò ak _____ ladan, ou kapab vwayaje.
   A. viza
   B. paspò
   C. opalè
   D. demach

7. Lè _____ an rantre yon gwo opalè mande pasaje yo pou yo anbake.
   A. avyon
   B. Ozetazini
   C. Kanada
   D. stannbay

8. Tout moun nan liy yo tcheke _____ yo, peze yo epi peye yon ti kòb pou yo si yo peze plis pase pwa nòrnal.
   A. zefè
   B. rezevasyon
   C. Ozetazini
   D. stannbay

9. Pafwa moun pa jwenn plas, lè konsa, yo sou " _____ ".
   A. imigrasyon
   B. stannbay
   C. Kanada
   D. avyon

10. Apre sa yo antre nan ____ pou dènye tchèk ak enspeksyon, epi antre nan avyon an.
    A. demach
    B. paspò
    C. imigrasyon
    D. opalè

11. Ou gen pou fè _____ sou youn nan avyon ki fè zòn sa yo.
    A. rezèvasyon
    B. viza
    C. Ozetazini
    D. Kanada

12. Swa ou pral Lafrans, Kanada, Ozetazini, anpil nan _____ yo sanbie.
    A. viza
    B. demach
    C. Lafrans
    D. ayewopò

13. Moman ki pi bèl se lè ou rive _____ tout moun nan liy.
    A. demach
    B. ayewopò
    C. zwazo
    D. imigrasyon

14. Yon lòt moman; gwo _____ a pran lè a pou li.
    A. stannbay
    B. viza
    C. zwazo
    D. Lafrans

| Ranpli espas vid la - Leson 22 - Vwayaje Lòtbò Dlo - Vokabilè |
|---|
| Non: _____ Klas: _____ Dat: _____ |

**Ekri mo ki koresponn nan espas yid ki nan fraz sa yo.**

1. Swa ou pral Lafrans, _____ , Ozetazini, anpil nan demach yo sanble.

2. Tout moun nan liy yo tcheke _____ yo, peze yo epi peye yon ti kòb pou yo si yo peze plis pase pwa nòmal.

3. Yon lòt moman; gwo _____ a pran lè a pou li.

4. Apre ou fin gen _____ ak viza ladan, ou kapab vwayaje.

5. Moman ki pi bèl se lè ou rive _____, tout moun nan liy.

6. Swa ou pral _____, Kanada, Ozetazini, anpil nan demach yo sanble.

7. Swa ou pral Lafrans, Kanada, _____ , anpil nan demach yo sanble

8. Swa ou pral Lafrans, Kanada, Ozetazini, anpil nan _____ yo sanble.

9. Apre sa yo antre nan _____ pou dènye tchèk ak enspeksyon, epi antre nan avyon an.

10. Apre ou fin gen paspo ak _____ ladan, ou kapab vwayaje.

11. Ou gen pou fè _____ sou youn nan avyon ki fè zòn sa yo.

12. Lè avyon an rantre yon gwo _____ mande pasaje yo pou yo anbake.

13. Lè _____ an rantre yon gwo opalè mande pasaje yo pou yo anbake.

14. Pafwa moun pa jwenn plas, lè konsa, yo sou " _____ .

**Chwazi repons ou yo pami mo sa yo:**

| viza | stannbay | rezèvasyon | paspò | Kanada |
| Lafrans | ayewopò | demach | avyon | zwazo |
| imigrasyon | zefè | Ozetazini | opalè | |

# Aktivite Leson 23

**Lòd alfabetik - Leson 23 - Yon Timoun Fèt - Vèb ak Ekspresyon**

Non: _____ Klas: _____ Dat: _____

**Ranpli sèk ki tou pre mo ki vini anpremye dapre lòd alfabetik epi ekri mo a.**

1. O tou piti
   O marye
   O se

2. O fèk gen
   O kòmanse
   O tou piti

3. O kòmanse
   O sanble
   O tèt koupe

4. O soufle
   O marye
   O konnen

5. O soufle
   O Gade
   O Apèn

6. O kòmanse
   O Gade
   O sanble

7. O se
   O soufle
   O tèt koupe

8. O konnen
   O Gade
   O sanble

9. O tou piti
   O fèk gen
   O soufle

10. O konnen
    O Gade
    O soufle

11. O fèk gen
    O se
    O tèt koupe

**Fè Koresponn - Leson 23 - Yon Timoun Fèt - Vèb ak ekspresyon**

Non: _____ Klas: _____ Dat: _____

**Nan chak espas ki nan fraz yo, mete lèt ki tou pre mo ki ka konplete fraz la pi byen.**

1. _____ ti pitit la te fèt Felòm kriye: "mèsi Bondye mwen resi papa".     a. se

2. Li _____ konbinezon lanmou de moun yo.     b. tèt koupe

3. Felòm ak Anita gen yon bon ti tan depi yo _____.     c. soufle

5. De anmore yo gen yon bon van k'ap _____ nan kè yo.     d. kòmanse

5. Li _____.     e. konnen

6. Ti pitit la sanble ak papa li _____.     f. tou piti

7. Ti bebe a deja _____ jwenn anpil afeksyon.     g. sanble

8. Semèn sa a yo _____ yon ti bebe.     h. Gade

9. Ti pitit la _____ ak papa li tèt koupe.     i. marye

10. Men kimoun ki _____ sa li ap vin demen?     j. fèk gen

11. _____ li nan bèso a!     k. Apen

# Chwa Miltip - Leson 23 - Yon Timoun Fèt - Vèb ak Ekspresyon

Non: _____ Klas: _____ Dat: _____

**Chak fraz gen yon mo ki manke. Ansèkle mo ki manke a.**

1. Ti pitit la sanble ak papa li _____.
   A. tou piti
   B. Apèn
   C. tèt koupe
   D. komanse

2. De anmore yo gen yon bon van k'ap _____ nan kè yo.
   A. soufle
   B. tèt koupe
   C. se
   D. tou piti

3. Li _____.
   A. tèt koupe
   B. tou piti
   C. sanble
   D. soufle

4. Ti bebe a deja _____ wenn anpil afeksyon.
   A. sanble
   B. kòmanse
   C. se
   D. fèk gen

5. Semèn sa a yo _____ yon ti bebe.
   A. fèk gen
   B. konnen
   C. Apèn
   D. marye

6. Felòm ak Anita gen yon bon ti tan depi yo _____.
   A. tèt koupe
   B. marye
   C. kòmanse
   D. tou piti

7. Men kimoun ki _____ sa li ap vin demen?
   A. tèt koupe
   B. soufle
   C. kòmanse
   D. konnen

8. _____ li nan bèso a!
   A. marye
   B. Apèn
   C. kòmanse
   D. Gade

9. Ti pitit la _____ ak papa li tèt koupe.
   A. kòmanse
   B. soufle
   C. sanbie
   D. konnen

10. Li _____ konbinezon lanmou de moun yo.
    A. sanble
    B. Gade
    C. tou piti
    D. se

11. _____ ti pitit la to fèt Felòm kriye: "mèsi Bondye mwen resi papa ".
    A. soufle
    B. se
    C. fèk gen
    D. Apèn

**Ranpli espas vid la - Leson 23 - Yon Timoun Fèt - Vèb ak Ekspresyon**

Non: _____ Klas: _____ Dat: _____

**Ekri mo ki koresponn nan espas vid ki nan fraz sa yo.**

1. De anmore yo gen yon bon van k'ap _____ nan kè yo.

2. Ti pitit la _____ ak papa li tèt koupe.

3. Felòm ak Anita gen yon bon ti tan depi yo _____.

4. _____ ti pitit la to fèt Felòm kriye: "mèsi Bondye mwen resi papa ".

5. Li _____ konbinezon lanmou de moun yo.

6. _____ li nan bèso a!

7. Ti pitit la sanble ak papa li _____.

8. Semèn sa a yo _____ yon ti bebe.

9. Li _____.

10. Ti bebe a deja _____ jwenn anpil afeksyon.

11. Men kimoun ki _____ sa li ap vin demen?

**Chwazi repons ou yo pami mo sa yo:**

| | | | | | |
|---|---|---|---|---|---|
| fèk gen | se | marye | kòmanse | tou piti | sanble |
| Apèn | konnen | tèt koupe | soufle | Gade | |

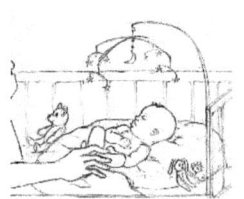

**Lòd alfabetik - Leson 23 - Yon Timoun Fèt - Vokabilè**

Non: _____ Klas: _____ Dat: _____

**Ranpli sèk ki tou pre mo ki vini anpremye dapre lòd alfabetik.**

1. O anmore
   O depi
   O piti

2. O demen
   O konbinezon
   O ti bebe

3. O bèso
   O demen
   O papa

4. O anmore
   O afeksyon
   O ti bebe

5. O ti bebe
   O Apèn
   O afeksyon

6. O afeksyon
   O Apèn
   O demen

7. O afeksyon
   O konbinezon
   O depi

8. O demen
   O konbinezon
   O bèso

9. O piti
   O afeksyon
   O anmore

10. O bèso
    O demen
    O ti bebe

# Fè Koresponn - Leson 23 - Yon Timoun Fèt - Vokabilè

Non: _____ Klas: _____ Dat: _____

**Nan chak espas ki nan fraz yo, mete lèt ki tou pre mo ki ka konpiete fraz la pi byen.**

1. Semèn sa a yo fèk gen yon _____.  A. Apèn

2. Ti bebe a deja kòmanse jwenn anpil _____.  b. afeksyon

3. _____ti pitit la to fèt Felòm kriye: "mèsi Bondye mwen resi papa".  c. demen

4. Ti pitit la sanble ak _____ li tèt koupe.  d. anmore

5. De _____ yo gen yon bon van k'ap soufle nan kè yo.  e. konbinezon

6. Men kimoun ki konnen sa li ap yin _____?  f. bèso

7. Li tou _____.  g. ti bebe

8. Gade li nan _____ a!  h. piti

9. Felòm ak Anita gen yon bon ti tan _____yo marye.  i. papa

10. Li se _____ lanmou de moun yo.  j. depi

# Chwa Miltip - Leson 23 - Yon Timoun Fèt - Vokabilè

Non: _____ Klas: _____ Dat: _____

**Chak fraz gen yon mo ki manke. Ansèkle mo ki manke a.**

1. Li tou _____.
A. konbinezon
B. papa
C. piti
D. ti bebe

2. _____ ti pitit la to fvt Felòrn kriye: "mèsi Bondye mwen resi papa ".
A. piti
B. anmore
C. Apèn
D. konbinezon

3. Felòm ak Anita gen yon bon ti tan _____ yo marye.
A. Apèn
B. depi
C. piti
D. papa

4. De _____ yo gen yon bon van k'ap soufle nan kè yo.
A. afeksyon
B. bèso
C. anmore
D. papa

5. Gade li nan _____ al
A. Apèn
B. ti bebe
C. demen
D. bèso

6. Ti bebe a deja kòmanse jwenn anpil _____.
A. afeksyon
B. bèso
C. papa
D. ti bebe

7. Semèn sa a yo fèk gen yon _____.
A. ti bebe
B. afeksyon
C. depi
D. Apèn

8. Li se _____ lanmou de moun yo.
A. konbinezon
B. anmore
C. afeksyon
D. papa

9. Men kimoun ki konnen sa li ap vin _____ ?
A. konbinezon
B. demen
C. bèso
D. ti bebe

10. Ti pitit la sanble ak _____ li tèt koupe.
A. konbinezon
B. afeksyon
C. Apèn
D. papa

**Ranpli espas vid la - Leson 23 - Yon Timoun Fèt - Vokabilè**

Non: _____ Klas: _____ Dat: _____

**Ekri mo ki koresponn nan espas vid ki nan fraz sa yo.**

1. Li tou _____.

2. Li se _____ lanmou de moun yo.

3. Men kimoun ki konnen sa li ap vin _____ ?

4. Ti pitit la sanble ak _____ li tèt koupe.

5. Felòm ak Anita gen yon bon ti tan _____ yo marye.

6. De _____ yo gen yon bon van k'ap soufle nan kè yo.

7. Gade li nan _____ a!

8. _____ ti pitit la to fèt Felòm kriye: "mèsi Bondye mwen resi papa ".

9. Semen sa a yo fèk gen yon _____.

10. Ti bebe a deja kòmanse jwenn anpil _____.

**Chwazi repons ou yo pami mo sa yo:**

| | | | | |
|---|---|---|---|---|
| anmore | depi | demen | bèso | papa |
| Apèn | ti bebe | afeksyon | piti | konbinezon |

# Aktivite Leson 24

**Lòd alfabetik - Leson 24 - Yon Ka Lanmò - Vèb ak Ekspresyon**

Non: _____ Klas: _____ Dat: _____

Ranpli sèk ki tou pre mo oubyen fraz ki vini anpremye dapre lòd alfabetik. Ekri mo a oubyen fraz la sou liy la.

1. O Se pa mwen sèlman
   O mouri
   O flanm lanmou

2. O voye
   O leve
   O renmen

3. O pale
   O rete
   O tou limen

4. O kenbe
   O touye
   O Se te

5. O kenbe
   O Se pa mwen sèlman
   O rete

6. O Se pa mwen sèlman
   O leve
   O rete

7. O leve
   O refè
   O Ala

8. O leve
   O senyen
   O refè

9. O voye
   O touye
   O rete

10. ○ refè
    ○ voye
    ○ Se te

11. ○ pale
    ○ Ala
    ○ refè

12. ○ pale
    ○ kenbe
    ○ Ala

13. ○ touye
    ○ voye
    ○ flanm lanmou

14. ○ touye
    ○ flanm lanmou
    ○ kenbe

15. ○ leve
    ○ tou limen
    ○ renmen

# Fè Koresponn - Leson 24 - Yon Ka Lanmò - Vèb ak Ekspresyon

Non: _____ Klas: _____ Dat: _____

**Nan chak espas ki nan fraz yo, mete lèt ki tou pre mo ki ka konplete fraz la pi byen.**

1. Maladi a _____ kò ou men flanm lanmou ki t'ap klere nan ou a, rete tou limen nan kè mwen.

   a. touye

2. Mwen santi kè mwen t'ap _____.

   b. senyen

3. Si mwen ta dwe _____ mwen t'ap di: «Iya ou ale vye sò? »

   c. Ala

4. Iya _____.

   d. mouri

5. Maladi a touye kò ou men flanm lanmou ki t'ap Klere nan ou a, rete_____nan kè mwen.

   e. renmen

6. Se yon ti granmoun ki te _____ moun anpil.

   f. voye

7. _____ tris mwen tris!

   g. refè

8. Chak maten Iya _____ nou ak yon tas kafe.

   h. leve

9. _____ dènye fwa.

   i. flanm lanmou

10. Yon jou madi li te _____ yon tas kafe ban mwen,

    j. Se pa mwen sèlman

11. _____, gran frè mwen an, e anpil timoun nan tout vwazinaj la.

    k. tou limen

12. Li te _____ bò lakay.

    l. kenbe

13. Maladi a touye kò ou men_____ ki t'ap klere nan ou a, rete tou limen nan kè mwen.

    m. Se te

14. Iya te vin malad, li pa t' janm fin _____ nèt.

    n. Pale

15. Manman mwen te toujou di mwen, ti granmoun sila a te konn _____ mwen lè mwen te piti.

    o. rete

**Chwa Miltip - Leson 24 - Yon Ka Lanmò - Vèb ak Ekspresyon**

Non: _____ Klas: _____ Dat: _____

**Chak fraz gen yon mo ki manke. Ansèkle mo ki manke a.**

1. Maladi a _____ kò ou men flanm lanmou ki t ap Klere nan ou a, rete tou limen nan kè mwen.
   A. voye
   B. touye
   C. tou limen
   D. Se pa mwen sèlman

2. Chak maten Iya _____ nou ak yon tas kafe.
   A. Se pa mwen sèlman
   B. kenbe
   C. leve
   D. refè

3. Mwen santi kè mwen t'ap _____
   A. senyen
   B. Ala
   C. refè
   D. Se te

4. Manman mwen te toujou di mwen, ti granmoun sila a te konn _____ mwen lè mwen te piti.
   A. lanm lanmou
   B. voye
   C. kenbe
   D. tou limen

5. Maladi a touye kò ou men flanm lanmou ki t ap klere nan ou a, rete _____ nan kè mwen.
   A. touye
   B. flanm lanmou
   C. kenbe
   D. tou limen

6. _____ tris mwen tris!
   A. flanm lanmou
   B. Se pa mwen sèlman
   C. voye
   D. Ala

7. Yon jou madi li te _____ yon tas kafe ban mwen.
   A. flanm lanmou
   B. voye
   C. pale
   D. mouri

8. Iya te vin malad, li pa t janm fin _____ nèt.
   A. refè
   B. leve
   C. mouri
   D. pale

9. Li te _____ bò lakay.
   A. refè
   B. Se te
   C. leve
   D. rete

10. Se yon ti granmoun ki te _____ moun anpil.
    A. rete
    B. renmen
    C. tou limen
    D. flanm lanmou

11. _____ dènye fwa.
    A. senyen
    B. refè
    C. Se te
    D. Ala

12. Maladi a touye kò ou men _____ ki t ap Klere nan ou a, rete tou limen nan kè mwen.
    A. Se pa mwen sèlman
    B. flanm lanmou
    C. tou limen
    D. leve

13. _____ gran frè mwen an, e anpil timoun nan tout vwazinaj la.
    A. pale
    B. Se pa mwen sèlman
    C. refè
    D. renmen

14. Si mwen ta dwe _____ mwen t ap di: Iya ou ale vye sò?
    A. leve
    B. renmen
    C. tou limen
    D. pale

15. Iya _____.
    A. mouri
    B. flanm lanmou
    C. rete
    D. tou limen

# Ranpli espas vid la - Leson 24 - Yon Ka Lanmò - Vèb ak Ekspresyon

Non: _____ Klas: _____ Dat: _____

**Ekri mo ki koresponn nan espas yid ki nan fraz sa yo.**

1. Mwen santi kè mwen t ap _____.

2. Chak maten Iya _____ nou ak yon tas kafe.

3. Si mwen to dwe _____ mwen t ap di: Iya ou ale vye sò?

5. Maladi a touye kò ou men flanm lanmou ki t ap klere nan ou a, rete _____ nan kè mwen.

5. Manman mwen te toujou di mwen, ti granmoun sila a te konn _____ mwen lè mwen te piti.

6. Iya _____.

7. Se yon ti granmoun ki te _____ moun anpil.

8. _____ gran frè mwen an, e anpil timoun nan tout vwazinaj la.

9. Maladi a _____ kò ou men flanm lanmou ki t ap klere nan ou a, rete tou limen nan kè mwen.

10. Li te _____ bò lakay.

11. Yon jou madi li te _____ yon tas kafe ban mwen.

12. Iya te vin malad, li pa t janm fin _____ nèt.

13. Maladi a touye kò ou men _____ ki t ap klere nan ou a, rete tou limen nan kè mwen.

14. _____ tris mwen tris!

15. _____ dènye fwa.

**Chwazi repons ou yo pami mo sa yo:**

| | | |
|---|---|---|
| rete | touye | Ala |
| mouri | voye | Se te |
| pale | senyen | refè |
| tou limen | leve | renmen |
| kenbe | flanm lanmou | Se pa mwen sèlman |

**Lòd alfabetik - Leson 24 - Yon Ka Lanmò - Vokabilè**

Non: _____ Klas: _____ Dat: _____

**Ranpli sèk ki tou pre mo ki vini anpremye dapre lòd alfabetik epi ekri mo a.**

1. O Iya
   O Maladi
   O dènye

2. O dènye
   O flanm lanmou
   O granmoun

3. O lakay
   O tris
   O tas kafe

4. O tris
   O granmoun
   O vwazinaj

5. O flanm lanmou
   O malad
   O vwazinaj

6. O granmoun
   O tas kafe
   O Iya

7. O Maladi
   O malad
   O tas kafe

8. O lakay
   O granmoun
   O kè

9. O tas kafe
   O madi
   O flanm lanmou

10. O dènye
    O lakay
    O malad

11. O tris
    O granmoun
    O kè

12. O granmoun
    O vye sò
    O dènye

13. O Maladi
    O kè
    O granmoun

14. O vye sò
    O flanm lanmou
    O madi

## Fè Koresponn - Leson 24 - Yon Ka Lanmò - Vokabilè

Non: _____ Klas: _____ Dat: _____

**Nan chak espas ki nan fraz yo, mete lèt ki tou pre mo ki ka konpiete fraz la pi byen.**

1. Iya te vin _____ li pa t' janm fin refè nèt.      a. granmoun

2. _____ mouri.      b. malad

3. Manman mwen te toujou di mwen, ti _____ sila a te konn kenbe mwen lè mwen te piti.      c. tas kafe

4. Se te _____ fwa.      d. vwazinaj

5. _____ a touye kò ou men flanm lanmou ki t'ap klere nan ou a, rete tou limen nan kè mwen.      e. tris

6. Se pa mwen sèlman, gran frè mwen an, e anpil timoun nan tout _____ la.      f. kè

7. Maladi a touye kò ou men _____ ki t'ap Klere nan ou a, rete tou limen nan kè mwen.      g. Maladi

8. Ala _____ mwen tris!      h. Iya

9. Li te rete bò_____.      I. dènye

10. Chak maten Iya leve nou ak yon _____.      j. flanm lanmou

11. Yon jou _____ li te voye yon tas kafe ban mwen.      k. madi

12. Si mwen to dwe pale mwen t'ap di: Iya ou ale _____ ?      l. granmoun

13. Se yon ti _____ ki te renmen moun anpil.      m. lakay

14. Mwen santi _____ mwen t'ap senyen.      n. vye sò

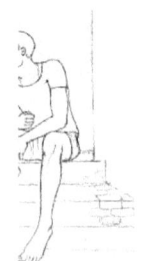
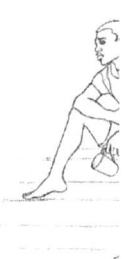

# Chwa Miltip - Leson 24 - Yon Ka Lanmò - Vokabilè

Non: _____ Klas: _____ Dat: _____

**Chak fraz gen yon mo ki manke. Ansèkle mo ki manke a.**

1. Maladi a touye kò ou men _____ki t'ap klere nan ou a, rete tou limen nan kè mwen.
A. kè
B. flanm lanmou
C. granmoun
D. vye sò

2. Iya te vin _____ li pa t' janm fin refè nèt.
A. vwazinaj
B. kè
C. malad
D. Maladi

3. Manman mwen te toujou di mwen, ti _____ sila a te konn kenbe mwen lè mwen te piti.
A. vwazinaj
B. granmoun
C. tas kafe
D. dènye

4. Mwen santi _____ mwen t'ap senyen.
A. kè
B. vwazinaj
C. malad
D. madi

5. Se te _____ fwa.
A. dènye
B. madi
C. vye sò
D. Iya

6. Li te rete bò _____.
A. lakay
B. kè
C. vye sò
D. malad

7. Chak maten Iya leve nou ak yon _____.
A. Iya
B. lakay
C. flanm lanmou
D. tas kafe

8. Ala _____ mwen tris!
A. vwazinaj
B. lakay
C. tris
D. kè

9. Si mwen to dwe pale mwen t'ap di: «Iya ou ale _____? »
A. kè
B. granmoun
C. Iya
D. ye sò

10. _____ mouri.
A. vwazinaj
B. Iya
C. flanm lanmou
D. madi

11. Yon jou _____ li to voye yon tas kafe ban mwen.
A. granmoun
B. vye sò
C. madi
D. tas kafe

12. _____a touye kò ou men flanm lanmou ki t'ap Klere nan ou a, rete tou limen nan kè mwen.
A. lakay
B. madi
C. Maladi
D. kè

13. Se yon ti _____ ki to renmen moon anpil.
A. malad
B. tas kafe
C. granmoun
D. madi

14. Se pa mwen sèlman, gran frè mwen an, e anpil timoun nan tout _____ la.
A. vwazinaj
B. malad
C. dènye
D. flanm lanmou

**Ranpli espas vid la - Leson 24 - Yon Ka Lanmò - Vokabilè**

Non: _____ Klas: _____ Dat: _____

**Ekri mo ki koresponn nan espas vid ki nan fraz sa yo.**

1. Si mwen ta dwe pale mwen t'ap di: Iya ou ale _____ ?

2. Yon jou _____ li te voye yon tas kafe ban mwen.

3. Iya te vin _____, li pa V janm fin refè nèt.

4. Maladi a touye kò ou men _____ ki t'ap Klere nan ou a, rete tou limen nan kè mwen.

5. Se yon ti _____ ki te renmen moun anpil,

6. Manman mwen te toujou di mwen, ti _____ sila a te konn kenbe mwen lè mwen te piti.

7. Se te _____ fwa.

8. Mwen santi _____ mwen t'ap senyen.

9. Ala _____ mwen tris!

10. _____ mouri.

11. Chak maten Iya leve nou ak yon _____.

12. _____ a touye kò ou men flanm lanmou ki t'ap Klere nan ou a, rete tou limen nan kè mwen.

13. Li te rete bò _____.

14. Se pa mwen sèlman, gran frè mwen an, e anpil timoun nan tout _____ la.

**Chwazi repons ou yo pami mo sa yo:**

| vwazinaj | kè | dènye | Maladi | vye sò |
| madi | tas kafe | tris | malad | flanm lanmou |
| Iya | granmoun | lakay | granmoun | |

# Aktivite Leson 25

**Lòd alfabetik - Leson 25 - Anbago - Vèb ak ekspresyon**

Non: _____ Klas: _____ Dat: _____

**Ranpli sèk ki tou pre mo ki vini anpremye dapre lòd alfabetik.**

1. O Kè sere
   O koumanse
   O chanje

2. O bèl tankou pèl
   O fòme
   O fin

3. O trip kòde
   O depafini
   O fin

4. O chanje
   O fòme
   O bèl tankou pèl

5. O fòme
   O Kè sere
   O koumanse

6. O depafini
   O poze
   O koumanse

7. O vin pòtre
   O bèl tankou pèl
   O fin

8. O fin
   O soti
   O vin pòtre

9. O soti
   O trip kòde
   O poze

10. O Kè sere
    O soti
    O fin

11. O trip kòde
    O soti
    O fin

# Fè Koresponn - Leson 25 - Anbago - Vèb ak Ekspresyon

Non: _____ Klas: _____ Dat: _____

**Nan chak espas ki nan fraz yo, mete lèt ki tou pre mo ki ka konpiete fraz la pi byen.**

1. _____ dlo nan je, trip kòde, nan bilan anbago sou do Ayiti an 1994.  
   a. bèl tankou pèl

2. Nou menm ki _____ jenerasyon sa a, ki jijman listwa prale pote sou nou.  
   b. Kè sere

3. Pòtoprens, kapital la ki to bèl tankou pèl, yin pòtre yon timoun mazora, kwatchòkò ki ap _____ pa depafini debou.  
   c. depafini

6. Antouka nou pa jij men nou ka _____ yon ti kesyon. Kote soufrans nou soti?  
   d. yin pòtre

7. Ke sere, dlo nan je, _____, nan bilan anbago sou do Ayiti an 1994 .  
   e. soti

8. Pòtoprens, kapital la ki to bèl tankou pèl, yin potre yon timoun mazora, kwatchòkò ki ap fin pa _____ debou.  
   f. fin

9. Pou ki nou pa pran konsyans, pou ki nou pa _____ metòd, pou ki nou pa chanje konsepsyon?  
   g. chanje

9. Si nou gen bon sans nou dwe _____ plenn.  
   h. fòme

10. Kote soufrans nou _____ ? Deyò nou oubyen anndan nou?  
    i. koumanse

11. Pòtoprens, kapital la ki to _____, vin pòtre yon timoun mazora, kwatchòkò ki ap fin pa depafini debou,  
    j. trip kòde

12. Pòtoprens, kapital la ki to bèl tankou pèl, _____ yon timoun mazora, kwatchòkò ki ap fin pa depafini debou.  
    k. poze

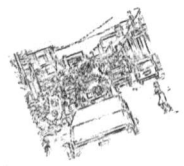

# Chwa Miltip - Leson 25 - Anbago - Vèb ak Ekspresyon

Non: _____ Klas: _____ Dat: _____

**Chak fraz gen yon mo ki manke. Ansèkle/ekri/chwazi mo ki manke a.**

1. Pòtoprens, kapital la ki te_____, vin pòtre yon timoun mazora, kwatchoko ki ap fin pa depafini debou.
   A. depafini
   B. tome
   C. bèl tankou pèl
   D. Kè sere

2. Si nou gen bon sans nou dwe _____plenn.
   A. Kè sere
   B. koumanse
   C. fòme
   D. depafini

3. Pou ki nou pa pran konsyans, pou ki nou pa _____ metòd, pou ki nou pa chanje konsepsyon?
   A. depafini
   B. Kè sere
   C. chanje
   D. bèl tankou pèl

4. Nou menm ki _____ jenerasyon sa a, ki jijman listwa prale pote sou nou.
   A. fòme
   B. Kè sere
   C. depafini
   D. trip kòde

5. Pòtoprens, kapital la ki to bèl tankou pèl, vin pòtre yon timoun mazora, kwatchòkò ki ap _____ pa depafini debou.
   A. fin
   B. koumanse
   C. soti
   D. chanje

6. Pòtoprens, kapital la ki to bèl tankou pèl vin pòtre yon timoun mazora, kwatchòkò ki ap fin pa _____ debou.
   A. depafini
   B. vin pòtre
   C. bel tankou pel
   D. fòme

7. Pòtoprens, kapital la ki to bèl tankou pèl, _____ yon timoun mazora, kwatchòkò ki ap fin pa depafini debou.
   A. fòme
   B. fin
   C. vin pòtre
   D. Kè sere

8. Antouka nou pa jij men nou ka _____ yon ti kesyon. Kote soufrans nou soti?
   A. chanje
   B. bèl tankou pèl
   C. vin pòtre
   D. poze

9. Ke sere, dlo nan je, _____, nan bilan anbago sou do Ayiti an 1994.
   A. poze
   B. trip kòde
   C. fòme
   D. Kè sere

10. _____ dlo nan je, trip kòde, nan bilan anbago sou do Ayiti an 1994.
    A. koumanse
    B. poze
    C. Kè sere
    D. trip kòde

11. Kote soufrans nou _____ ? Deyo nou oubyen anndan nou?
    A. Kè sere
    B. vin pòtre
    C. koumanse
    D. soti

# Ranpli espas vid la - Leson 25 - Anbago - Vèb ak Ekspresyon

Non: _____ Klas: _____ Dat: _____

**Ekri mo ki koresponn nan espas yid ki nan fraz sa yo.**

1. _____, dlo nan je, trip kòde, nan bilan anbago sou do Ayiti an 1994.

2. Pòtoprens, kapital la ki to bèl tankou pèl, vin pòtre yon timoun mazora, kwatchòkò ki ap fin pa _____ debou.

3. Pou ki nou pa pran konsyans, pou ki nou pa_____ metòd, pou ki nou pa chanje konsepsyon?

4. Pòtoprens, kapital la ki to bèl tankou pèl, _____yon timoun mazora, kwatchòkò ki ap fin pa depafini debou.

5. Kote soufrans nou _____? Deyo nou oubyen anndan nou?

5. Kè sere, dlo nan je, _____, nan bilan anbago sou do Ayiti an 1994.

7. Antouka nou pa jij men nou ka _____ yon ti kesyon. Kote soufrans nou soti?

8. Pòtoprens, kapital la ki to _____, vin pòtre yon timoun mazora, kwatchòkò ki ap fin pa depafini debou.

9. Nou menm ki_____jenerasyon sa a, ki jijman listwa prale pate sou nou.

10. Si nou gen bon sans nou dwe _____ plenn.

11. Pòtoprens, kapital la ki to bèl tankou pèl, vin pòtre yon timoun mazora, kwatchòkò ki ap _____ pa depafini debou.

## Chwazi repons ou yo pami mo sa yo:

| | | | | |
|---|---|---|---|---|
| yin pòtre | fin | chanje | Kè sere | poze |
| soti | depafini | fòme | koumanse | trip kòde |
| bèl tankou pèl | | | | |

# Lòd alfabetik - Leson 25 - Anbago - Vokabilè

Non: _____ Klas: _____ Dat: _____

**Ranpli sèk ki tou pre mo ki vini anpremye dapre lòd alfabetik epi ekri mo a.**

1. O anbago
   O debou
   O Lòtbò dlo

2. O mazora
   O Deyò
   O Pòtòprens

3. O kwatchòkò
   O Lòtbò dlo
   O konsyans

4. O konsyans
   O anbago
   O Pòtòprens

5. O jenerasyon
   O Ayiti
   O anndan

6. O soufrans
   O mazora
   O bon sans

7. O konsyans
   O mazora
   O jenerasyon

8. O anndan
   O debou
   O konsyans

9. O soufrans
   O anbago
   O Ayiti

10. O Deyò
    O Pòtòprens
    O Lòtbò dlo

11. O anndan
    O Deyò
    O jenerasyon

12. O Ayiti
    O Lòtbò dlo
    O Deyo

13. O Pòtòprens
    O Lòtbò dlo
    O Ayiti

# Fè Koresponn - Leson 25 - Anbago - Vokabilè

Non: _____ Klas: _____ Dat: _____

**Nan chak espas ki nan fraz yo, mete lèt ki tou pre mo ki ka konplete fraz la pi byen.**

1. Si nou gen _____ nou dwe koumanse plenn.     a. Lòtbò dlo

2. Kè sere, dlo nan je, trip kòde, nan bilan anbago sou do _____ an 1994.     b. bon sans

3. Pòtoprens, kapital la ki te bèl tankou pèl, vin pòtre yon timoun mazora, _____ ki ap fin pa depafini debou.     c. soufrans

4. Kote soufrans nou soti? _____ nou oubyen anndan nou?     d. debou

5. Nou menm ki fòme _____ sa a, ki jijman listwa prale pote sou nou.     e. jenerasyon

6. _____, kapital la ki te bèl tankou pèl, vin pòtre yon timoun mazora, kwatchòkò ki ap fin pa depafini debou.     f. Ayiti

7. _____ oubyen anndan peyi nou?     g. Pòtòprens

8. Kote soufrans nou soti? Deyò nou oubyen _____ nou?     h. Deyò

10. Pòtoprens, kapital la ki te bèl tankou pèl, vin pòtre yon anbago timoun mazora, kwatchòkò ki ap fin pa depafini _____.     i.

11. Pou ki nou pa pran _____, pou ki nou pa chanje metôd, pou ki nou pa chanje konsepsyon?     j. anndan

11. Antouka nou pa jij men nou ka poze yon ti kesyon. Kote _____ nou soti?     k. konsyans

12. Pòtoprens, kapital la ki te bèl tankou pèl, vin pòtre yon timoun _____ kwatchòkò ki ap fin pa depafini debou.     l. kwatchòkò

14. Kè sere, dlo nan je, trip kòde, nan bilan _____ sou do Ayiti an 1994.     m. mazora

**Chwa Miltip - Leson 25 - Anbago - Vokabilè**

Non: _____ Klas: _____ Dat: _____

**Chak fraz gen yon mo ki manke. Ansèkle mo ki manke a.**

1. Pòtoprens, kapital la ki te bèl tankou pèl, vin pòtre yon timoun _____, kwatchòkò ki ap fin pa depafini debou.
   A. Lòtbò dlo
   B. bon sans
   C. kwatchòkò
   D. mazora

2. Pòtoprens, kapital la ki te bèl tankou pèl, vin pòtre yon timoun mazora, _____ ki ap fin pa depafini debou.
   A. mazora
   B. kwatchòkò
   C. Ayiti
   D. Deyò

3. Si nou gen _____ nou dwe koumanse plenn.
   A. bon sans
   B. Ayiti
   C. jenerasyon
   D. Deyò

4. Kè sere, dlo nan je, trip kòde, nan bilan _____ sou do Ayiti an 1994.
   A. mazora
   B. jenerasyon
   c. kwatchòkò
   D. anbago

5. Antouka nou pa jij men nou ka poze yon ti kesyon. Kate _____ nou soti?
   A. kwatchòkò
   B. jenerasyon
   C. soufrans
   D. bon sans

6. _____ oubyen anndan peyi nou?
   A. soufrans
   B. Pòtoprens
   C. jenerasyon
   D. Lòtbò dlo

7. Nou menm ki fòme _____ sa a, ki jijman listwa prale pote sou nou.
   A. soufrans
   B. Pòtòprens
   C. Deyò
   D. jenerasyon

8. Kè sere, dlo nan je, trip kòde, nan bilan anbago sou do _____ an 1994.
   A. Ayiti
   B. kwatchòkò
   C. Pòtòprens
   D. bon sans

9. _____, kapital la ki te bèl tankou pèl, vin pàtre yon timoun mazora, kwatchòkò ki ap fin pa depafini debou.
   A. debou
   B. soufrans
   C. Pòtòprens
   D. bon sans

10. Pou ki nou pa pran _____, pou ki nou pa chanje metòd, pou ki nou pa chanje konsepsyon?
    A. jenerasyon
    B. konsyans
    C. anbago
    D. Deyò

11. Pòtoprens, kapital la ki te bèl tankou pèl, vin pòtre yon timoun mazora, kwatchòkò ki ap fin pa depafini _____.
    A. debou
    B. jenerasyon
    C. mazora
    D. anbago

12. Kote soufrans nou soti? Deyò nou oubyen _____ nou?
    A. anndan
    B. kwatchòkò
    C. mazora
    D. konsyans

13. Kote soufrans nou soti? _____ nou oubyen anndan nou?
    A. Deyò
    B. Pòtòprens
    C. kwatchòkò
    D. soufrans

# Ranpli espas vid la - Leson 25 - Anbago - Vokabilè

Non: _____ Klas: _____ Dat: _____

**Ekri mo ki koresponn nan espas vid ki nan fraz sa yo.**

1. Nou menm ki fòme _____ sa a, ki jijman listwa prale pote sou nou.

2. Pòtoprens, kapital la ki te bèl tankou pèl, vin pòtre yon timoun mazora, _____ ki ap fin pa depafini debou.

3. Pou ki nou pa pran _____, pou ki nou pa chanje metòd, pou ki nou pa chanje konsepsyon?

4. Kè sere, dlo nan je, trip kòde, nan bilan _____ sou do Ayiti an 1994.

5. Pòtoprens, kapital la ki te bèl tankou pèl, vin pòtre yon timoun _____ kwatchòkò ki ap fin pa depafini debou.

6. Kè sere, dlo nan je, trip kòde, nan bilan anbago sou do _____ an 1994.

7. Pòtòprens, kapital la ki te bèl tankou pèl, vin pòtre yon timoun mazora, kwatchòkò ki ap fin pa depafini _____.

8. _____ oubyen anndan peyi nou?

9. _____, kapital la ki te bèl tankou pèl, vin pòtre yon timoun mazora, kwatchòkò ki ap fin pa depafini debou.

10. Antouka nou pa jij men nou ka poze yon ti kesyon. Kote _____ nou soti?

11. Si nou gen _____ nou dwe koumanse plenn.

12. Kote soufrans nou soti? Deyò nou oubyen _____ nou?

13. Kote soufrans nou soti? _____ nou oubyen anndan nou?

**Chwazi repons ou yo pami mo sa yo:**

| | | | | |
|---|---|---|---|---|
| Ayiti | lòtbò dlo | soufrans | bon sans | konsyans |
| Pòtoprens | jenerasyon | mazora | anbago | anndan |
| debou | Deyò | kwatchòkò | | |

## Konsiltasyon

Schieffelin, B. B., & Doucet, R. C. (1992). The "real" Haitian Creole: metalinguistics and orthographic choice. *Pragmatics, 2*(3), 427-443.

Vernet, P. (1980). Techniques d'écriture du créole haïtien. *Haiti: Le Natal.*

Dejean, Y. F. (1977). *Comment Ecrire Le Creole D'Haiti. (French Text).* Indiana University.

DeGraff, M. (2007). Kreyòl Ayisyen, or Haitian Creole (Creole French). *Comparative creole syntax: Parallel outlines of, 18,* 101-126.

Worksheet Magic 1.2, Developed by GAMCO Educational Software. 1999

www.ingramcontent.com/pod-product-compliance
Lightning Source LLC
Chambersburg PA
CBHW081832170426
43199CB00017B/2710